Elke Nietsche
Alptraum Scientology

Elke Nietsche

Alptraum Scientology

Ein Tagebuch aus Leipzig

Wichern-Verlag

Die Deutsche Bibliothek – CIP-Einheitsaufnahme

Nietsche, Elke:
Alptraum Scientology: ein Tagebuch aus Leipzig / Elke Nietsche
Berlin: Wichern-Verl., 1995
ISBN 3-88981-077-2

© Wichern-Verlag GmbH, Berlin 1995
Umschlagfoto: © S. Löwe, Berlin
Satz: Wichern-Verlag, Berlin
Fotosatz: Steinhardt, Berlin
Druck: Color-Druck Dorfi GmbH, Berlin
Buchbinderei: Lüderitz & Bauer-GmbH, Berlin
ISBN 3-88981-077-2

Inhalt

Vor Scientology

Im Jahre 1962 wurde ich als zweites Kind meiner Eltern in Leipzig geboren. Wenige Zeit nach meiner Geburt ließen sich meine Eltern scheiden. Meinen Vater, der Jahre später gestorben ist, habe ich nicht persönlich kennengelernt, aber viel über ihn gehört. 1966 heiratete meine Mutter erneut. Aufgewachsen bin ich in Stahmeln, einem kleinen Ort am Stadtrand Leipzigs. Mehrere Generationen wohnten in einem Haus, unter einem Dach. Die Regie führte Onkel Hugo, der Mann meiner Oma mütterlicherseits. Er duldete keinen Widerspruch. Mein knapp zwei Jahre älterer Bruder und ich pendelten stets zwischen Eltern und Großeltern. Ich war oder wurde zu einem ruhigen, netten, gehorsamen und hilfsbereiten Kind, denn ich verstand es schon recht früh, mich anzupassen und unterzuordnen. Meine Individualität jedoch blieb dabei auf der Strecke. Ich verursachte kaum einen Anlaß zur Klage, weil ich mich meist korrekt verhielt. Auch in der Schule erzielte ich ohne Anstrengung gute bis sehr gute Noten. Mit meinem Bruder allerdings kam es hin und wieder zum Streit. In der Regel war ich dabei die Unterlegene. Viel Zeit verbrachte ich an und auf dem Nußbaum in unserem großen Garten. Das war der Platz, an dem ich meinen Phantasien und mir freien Lauf lassen konnte.

Für das Abitur wurde ich vorgeschlagen, habe aber darauf verzichtet, weil es zu wenig Plätze gab. Aus „falscher" Bescheidenheit und um bei den anderen Schülern nicht anzuecken, überließ ich denen das Feld. So erlernte ich den Beruf einer Werbekauffrau und war im Zuge der Ausbildung zeitweise in einem Internat bei Berlin untergebracht. Während meiner Abwesenheit verstarb meine Oma, die zu meiner nächsten Bezugsperson geworden war, völlig unerwartet an den Folgen eines Schlaganfalles. Lange Zeit stand ich unter Schock, war mir dessen jedoch nicht bewußt. Zunehmend geriet ich in Konflikte mit mir und meinem Umfeld. Ich wechselte in den Tischler-Beruf. Auch das gab keinen Sinn. Um all meinen Problemen zu entkommen, begab ich mich immer mehr in die Isolation. Schließlich kündigte ich meinen Arbeitsvertrag. In der DDR gab es offiziell keine Arbeitslosigkeit. Aufgefangen wurde ich von einer psychiatrisch-neurologischen Klinik, in der ich mich einer neunmonatigen stationären Psychotherapie unterzog mit dem Ziel der Wiedereingliederung in die bestehende Gesellschaft. Trotz miserabler Personalakte fand ich danach wieder Arbeit in einem kirchlichen Zeitungsverlag als Verkäuferin und Anzeigenberaterin. Die Beziehungen zu meiner Mutter und meinem Stiefvater waren recht oberflächlich, obwohl wir in einem Haus wohnten. Mein Bruder heiratete meine Freundin, und zu beiden pflegte ich regen Kontakt.

1984 brachte ich meine Tochter Fredericke zur Welt, die bisher ohne Vater aufgewachsen ist. Freddy ist ein lebhaftes, aufgeschlossenes Kind mit einem starken Willen, aber auch sensibel. Gern hält sie sich bei ihren Großeltern auf. Von Erziehung halte ich nicht allzuviel, vor allem dann nicht, wenn sie einengend und beängstigend auf die Persönlichkeit des Kindes wirkt.

Alle zwei bis drei Jahre wechselte ich den Betrieb und die Tätigkeit. Ich arbeitete als Wirtschaftsleiterin und versuchte es später nochmals als Sachbearbeiterin. Im Büro jedoch fühlte ich mich unterfordert. Es war mir zuwider, den größten Teil der Arbeitszeit untätig rumsitzen zu müssen und daß das Papier wichtiger zu sein schien als der Mensch. Ich wechselte in den Lagerbereich der Produktion und fühlte mich dort wohl, auch weil ich die Theorie mit der Praxis verbinden konnte.

Ende 1991 kam aufgrund von sogenannten Rationalisierungsmaßnahmen das Aus, die Kündigung. Ich absolvierte eine Qualifizierungsmaßnahme zur „Kaufmännischen Sachbearbeiterin", habe allerdings nicht vor, wieder ins Büro zu gehen.

In dieser Zeit verlasse ich gemeinsam mit meiner Tochter das elterliche Haus, auch weil mir das Generationsproblem im Nacken sitzt. Meine Tochter sträubt sich verständlicherweise gegen den Umzug. Voller Optimismus bin ich, daß ich gleich wieder Arbeit finde. Dabei interessiert mich besonders der soziale Bereich.

Mit meiner Vergangenheit beschäftige ich mich bereits seit langem intensiv. Da ist diese Ahnung, daß ich eigentlich ganz anders bin, als ich zu sein scheine.

Das Tagebuch

Am 13. Juni schreibe ich auf eine Annonce in der „Leipziger Rundschau": „Kein Karrierejob mit großem Geld!"

Wenige Tage später erhalte ich eine Postkarte mit einem Termin für den 30. Juni, 17 Uhr, in der Moschelesstraße 13 in 7010 Leipzig. Inzwischen, am 26. Juni, habe ich eine achtmonatige Qualifizierungsmaßnahme als „Kaufmännische Sachbearbeiterin" erfolgreich abgeschlossen und bin nun arbeitslos.

Dienstag, 30. Juni

Ich fahre zu diesem Termin. Ich betrete das Haus und gehe nach oben. Ich stehe vor der Tür und zögere kurz, bevor ich dann doch klingle. Ich höre Schritte, und die Tür öffnet sich. Ein junger Mann stellt sich als Olaf G. vor. Er bittet mich herein und fordert mich auf, Platz zu nehmen. Es dauert noch einen Moment, entschuldigt er sich und drückt mir ein Buch in die Hand mit der Bemerkung, daß es darum gehe. Er verschwindet mit einem jungen Mann in einem Zimmer. Ich schaue mich um. Es ist ein langer, breiter Flur mit mehreren Tischen. Ich beginne in dem Buch zu blättern und darin zu lesen, ein Bestseller der Dianetik. Das Telefon klingelt, das auf einem Schreibtisch im Flur steht. Die beiden Männer kommen heraus.

Olaf G. geht zum Telefon. Es handelt sich um eine Terminabsprache. Die beiden setzen ihr Gespräch nun im Flur fort. Sie sind sich über etwas uneinig. Herr G. wirkt wütend. Es geht irgendwie um München. Der junge Mann weigert sich, weitere Kurse zu besuchen. Herr G. macht ihm energisch klar, daß er ihm dann nicht helfen könne und er dabei sei, einen großen Fehler zu machen. Der junge Mann verabschiedet sich und geht. Es dauert noch etwa zehn Minuten, ehe sich Herr G. mir widmet. Er setzt sich zu mir und stellt mir einige Fragen über das Denken und den Verstand; über Bewußtsein und Unterbewußtsein. Ich erzähle ihm, daß ich schon mehrere psychologische Bücher gelesen habe, die sich damit befassen. Er macht einige verwirrende Aussagen. Es klingelt an der Tür. Er steht auf und öffnet. Es scheint ein weiterer Interessent zu sein. Er bittet ihn herein; mich fordert er auf, ihm zu folgen. Also gehe ich ihm nach, den langen Flur entlang. Ich sehe eine Waschmaschine. Die Tür danebenen ist geöffnet. Herr G. ist nicht zu sehen. Ich bleibe also stehen, um zu warten. Kurz darauf kommt er zur Tür und bittet mich einzutreten. Da steht ein Ehebett. Ich zögere, da dies das Schlafzimmer zu sein scheint. Mir ist das unheimlich. Wo bin ich nur hingeraten? Er bemerkt mein Zögern und meint, daß er aus Platzmangel hier seinen Arbeitsplatz habe. Vorsichtig betrete ich das Zimmer, und da steht tatsächlich ein weiterer Schreibtisch. Ich nehme Platz und habe nur den einen Gedanken, so schnell wie möglich wieder rauszukommen. Er hat es sich auf seinem Stuhl bequem gemacht, die Beine in sich verhakt und nur in Strümpfen. Ich meide jeden Blickkontakt. Er redet etwas, aber es klingt so verwirrend. Jedenfalls geht es darum, dieses Dianetik-Buch zu lesen, das bei ihm für 14,80 DM erhältlich ist. Gut, sage ich, ich werde es lesen. Ich will da raus und verstehe ohnehin kaum etwas von dem, was er sagt. Er geht mit mir zurück zum Flur und schreibt eine Quittung mit meinem Namen und meiner Adresse und sagt, daß ich mich mit ihm in Verbindung setzen solle, falls ich mit dem Lesen des Buches nicht klarkäme. Außerdem gibt er mir einen Persönlichkeitstest mit der Bitte, ihn zu Hause auszufüllen. Ich bezahle, nehme das Buch und verlasse die Wohnung. Froh und erleichtert bin ich, draußen zu sein. Da werde ich wohl nicht wieder hingehen. Ich fahre nach Hause.

Bücher, die ich kaufe, lese ich natürlich auch. Meine Tochter ist tagsüber in der Schule. Ich beginne also das Buch zu lesen, lege es aber wieder zur Seite, denn da sind so viele unbekannte Wörter. Ich bin arbeitslos und habe Zeit und nichts Besonderes vor, so daß ich das Buch doch wieder nehme, um mich darin zu vertiefen. Plötzlich beginnt mich das Geschriebene gefangenzunehmen. Ich kann nicht mehr aufhören und schaffe es, dieses mehr als fünfhundert Seiten umfassende Buch in den nächsten zwei, drei Tagen zu lesen. Da steht all das drin, wonach ich gesucht habe. Das kommt mir wie ein Wunder vor. Besonders fasziniert mich die vorgestellte Technik, in die Vergangenheit kehren zu können. Gerade in meiner Vergangenheit gibt es so vieles, was mir vorenthalten wird. Von der Wissenschaft der Dianetik habe ich noch nie etwas gehört. Wieso nur nicht? Mir geht es recht oft so, daß ich mir mein Verhalten im nachhinein nicht erklären kann, so als würde mich meine Geschichte immer wieder einholen. Ist es wirklich möglich, über die Vergangenheit Gewißheit zu erlangen, obwohl man sich nicht erinnern kann?

Ich beginne, das Buch ein zweites Mal zu lesen. Irgendwie bin ich mißtrauisch, weil es so vollkommen und doch einfach klingt. Es erscheint mir wie ein Märchen. Es gibt niemanden, mit dem ich darüber reden oder dem ich mich mitteilen könnte. Alle sind so beschäftigt. Kurz entschlossen schreibe ich einen Brief an das Dianetik-Zentrum. Ich schreibe, daß mich das Buch fasziniert habe und ich mehr darüber erfahren möchte, und lege den zweihundert Fragen umfassenden, ausgefüllten Persönlichkeitstest bei.

Einige Tage darauf, am 15. Juli etwa, erhalte ich einen Antwortbrief von Herrn G. (geschrieben am 13. Juli). Ich soll mich mit ihm telefonisch in Verbindung setzen, um einen Termin für die Test-Auswertung zu vereinbaren.

Am Freitag, dem 17. Juli, rufe ich von der Telefonzelle aus an, da ich kein eigenes Telefon besitze. Frau G. ist am Apparat. Im Hintergrund sind Kinderstimmen zu hören. Wir machen für den nächsten Tag, 18 Uhr, einen Termin.

Thomas, ein guter Freund, kommt mich mit seiner kleinen Tochter zu Hause besuchen und fährt mich später mit dem Auto in die Mosche-lesstraße. Ich stehe vor der Tür und klingle. Es ist Frau G., die mir öffnet. Die Tische im Flur stehen anders. Ich setze mich und warte. Sie sucht nach meinem Test und meint, daß sie sich sehr über meinen Brief gefreut haben. Ein junger, schlaksiger Mann von sympathischem Äußeren setzt sich mir gegenüber. Als der Test gefunden ist, wertet er ihn aus. Er sei recht positiv ausgefallen. In der Lebensfreude liege eventuell der Schwachpunkt und in der Kommunikation. Ich stimme dem zu. Ich mache ihn darauf aufmerksam, daß ich das Buch bereits gelesen habe und mich das ganze interessiert. Er redet davon, eine Weile nach München zu fahren, um sich ein Bild davon machen zu können. Ich sage ihm, daß das nicht geht, da ich arbeitslos bin und eine Tochter habe. Das sei kein Problem. Die Tochter könnte ich mitnehmen. Doch würde dies jemand anderes mit mir besprechen. Er verschwindet, und es taucht eine kleine zierliche Frau auf. Sie stellt sich vor und ist mir sofort sympathisch. Sie heißt Mine. Sie geht mit mir in dieses Schlafzimmer und erzählt mir etwas über die Organisation und daß es gut wäre, so schnell wie möglich nach München zu gehen, um einen Einblick zu bekommen. Ich sollte doch die Zeit nutzen, solange meine Tochter Ferien hat. Wir könnten zu ihr kommen. Sie hat zwei Kinder und ein Kindermädchen. Wir sind nur kurz allein. Eine andere Frau bringt Kaffee und setzt sich zu uns; als Karin wird sie mir vorgestellt, soweit ich es verstanden habe. Schnell wird zum Mitarbeitervertrag übergegangen. Da gibt es auch ein Glaubens-Bekenntnis sowie Aufnahmebedingungen, die ich durchlesen soll. Der Informationsstrom ist gewaltig. Selbst während ich lese, wird weitergesprochen. Es gibt Mitarbeiterverträge über zweieinhalb oder fünf Jahre. Ich sage, daß, wenn ich überhaupt in einen Vertrag einwillige, ich den über zweieinhalb Jahre nehmen würde, da ich bisher stets nach zwei oder drei Jahren die Arbeitsstelle gewechselt habe. Und zwar dann, wenn die Arbeit zur Routine wurde. Sie lachen darüber und meinen, daß mir das hier nicht passieren wird.

Da ich etwas davon lese, daß man nicht aufgenommen wird, wenn man in psychiatrischer Behandlung oder ähnlichem gewesen ist, mache ich darauf aufmerksam, daß ich neun Monate in stationärer psychotherapeutischer Behandlung war. Sie fragen mich darüber aus. Mine meint, den Vertrag trotzdem abschließen zu können. Die andere Frau verläßt das Zimmer und kommt nach einer Weile wieder rein. Sie hat sich erkundigt, und der Vertrag wird zunächst nicht gemacht. Das müsse erst geprüft werden, und zwar in München. Jedoch könne ich auch ohne Vertrag mitmachen, nur die Kurse müsse ich bezahlen. Olaf G. erscheint. Er müsse noch einigen Papierkram mit mir erledigen. Doch erst soll ich einen Intelligenztest machen. Es gilt in 30 Minuten 80 Fragen zu beantworten. Ich bin allein im Zimmer und konzentriere mich auf den Test. Nach 30 Minuten kommt Mine, und ich gebe ihr die beantworteten Fragen. Es ist schon 20 Uhr. Ich muß nach Hause, denn Fredericke, meine Tochter, wird schon warten. Herr G. meint, daß gleich alles erledigt sein werde. Es geht um die Mitgliedschaft und einen monatlichen Beitrag von 2,50 DM. Ich unterschreibe und bezahle. Da ist noch ein Vordruck, auf dem man sogenannte Einführungs-Auditing-Stunden belegen kann. Er füllt den Vordruck aus, ohne mich zu fragen, ob ich das will. 130 DM kostet das. Dies gilt als Spende. Ich sage, daß ich das Geld nicht habe, weil ich arbeitslos bin. Er meint nur, daß wir eine Möglichkeit mit der Bezahlung finden werden. Anschließend macht er mit mir Termine für das Auditing. Meine Tochter kann ich natürlich mitbringen: Sonntag, den 19. Juli, 15 Uhr; Montag, den 20. Juli, 13 Uhr; Dienstag, den 21. Juli, 15 Uhr, und Mittwoch, den 22. Juli, 15 Uhr.

Sonntag, 19. Juli

Gegen 14 Uhr fahren wir zur Moschelesstraße. Olaf begrüßt uns freundlich. Für Fredericke legt er im Wohnzimmer ein Video ein. Mit mir führt er das Vorgespräch zum Auditing. Er stellt mir Fragen nach Krankheiten und Medikamenten, die ich nehme. Er überprüft, ob ich Sehrückruf, Hörrückruf und Empfindungsrückruf habe: Die Augen muß ich schließen und in Gedanken nochmals klingeln und die Wohnung betreten. Dazu stellt Olaf mir Fragen: zum Beispiel nach der Farbe der Wohnungstür, wie ich empfangen wurde, mit welchen Worten, und wie es mir dabei erging. Wichtig ist es, daß ich die Bilder wirklich sehe, Stimmen und Worte tatsächlich höre und Empfindungen dabei habe, während ich mich in eine Situation zurückversetze. Dann erkundigt er sich, ob ich Verluste von Personen, Tieren oder Gegenständen zu erleiden gehabt hätte. Und ob es Verhaltensweisen gebe, die ich mir nicht erklären könne. Er fordert mich auf, ihm ein Beispiel zu nennen. Ich überlege eine Weile und nenne ihm eine. Mir fällt ein, wie sehr ich mich darüber ärgere, bestimmten Personen nicht aufrichtiger begegnen zu können. Wieder und wieder gebe ich ihnen recht, obwohl ich anderer Meinung bin. Ich wage es nicht zu widersprechen. Er sagt: Danke, daß du mir das gesagt hast, eine typische Redewendung, um mehr von dem anderen zu erfahren. Das Ganze dauert etwa eine Stunde. Fredericke kommt, weil das Video zu Ende ist. Wir verabschieden uns und fahren nach Stahmeln, wo wir bei meinem Bruder und meiner Schwägerin eingeladen sind. Erregt und aufgewühlt erzähle ich den beiden, daß ich im Dianetik-Zentrum war und morgen das erste Auditing erhalten werde. Und vielleicht werde ich auch Mitarbeiter. Roland, mein Bruder, meldet einige Zweifel an und stellt mir ein paar Fragen, die ich ihm nicht beantworten kann, so zum Beispiel, was ich verdienen würde.

Montag, 20. Juli

Ich fahre mit Fredericke in die Stadt, denn es gibt noch einige Besorgungen zu machen. Anschließend fahren wir in die Moschelesstraße. Heike, die Frau von Olaf G., öffnet die Tür. Ihr Mann sei noch unterwegs; sie würde inzwischen die Vorbereitungen treffen. Sie schreibt eine Quittung. Es geht um die 130 DM für das Auditing. Ich sage ihr, daß ich nur 50 DM habe, und sie korrigiert die Quittung, indem sie „Anzahlung" schreibt. Auf dem Schoß hat sie ein kleines Kind. Sie fragt mich, ob ich schon Vitamin B und C genommen habe, die für das Auditing nötig sind. Nein, antworte ich, und sie geht, um diese Vitamine zu holen. Inzwischen kommt Olaf G. Er bringt ein Schild an der Wohnungstür an. Dann geht er mit mir ins Schlafzimmer. So ganz wohl ist mir bei der Sache nicht. Er fragt mich, ob ich ausreichend gegessen und geschlafen habe und ob es was gibt, was mich besonders beschäftige. Ich sage ihm, daß es momentan für mich unmöglich sei, nach München zu fahren, da ich in sechs Tagen mit Fredericke zu Freunden fahre und es doch nichts bringen würde, wenn wir jetzt ein paar Tage nach München fahren und dann nochmals. Die Kosten wären doppelt. Er versteht das, fragt aber, ob die Reise unbedingt sein müsse. Ja, sage ich, denn wir haben sie schon mehrmals verschoben. Weiterhin frage ich nach dem Verdienst eines Mitarbeiters. Er beginnt verwirrendes Zeug zu erzählen, aber ich bekomme keine klare Antwort auf meine Frage. Es würde nichts bringen, mir das heute zu erklären. Nach und nach würde ich es schon erfahren. Jedenfalls trägt sich die Organisation hauptsächlich von Spenden und durch den Verkauf von Büchern. Wenn sich eine größere Summe in der Kasse befindet, wird beratschlagt, ob das Geld unter den Mitarbeitern aufgeteilt wird oder was sonst damit geschieht. Da er mir am Vortag gesagt hatte, daß ich etwa 150 Stunden Auditing bräuchte, frage ich nach dem Preis. Auch darauf gibt er mir keine klare Antwort. Es käme ganz darauf an. Dann sagt er etwas von 40 DM pro Stunde. Bezahle man 50 Stunden auf einmal, erhalte man einen Bonus. Es kann aber auch anders sein. Da mich das alles nur verwirrt, höre ich auf weiterzufragen. Ich bin ja zum Auditing gekommen. Er beginnt mit der Sitzung. Er gibt mir die Anweisung, an die Decke zu schauen. Nachdem er von eins bis sieben gezählt hat, werden sich meine Augen schließen. Meine Augen sind geschlossen. Er gibt das Löscherwort ein, das verhindern soll, daß das von ihm Gesagte zur Suggestion wird. „Wenn ich in Zukunft das Wort ‚gelöscht' ausspreche, wird alles, was ich zu dir während einer Therapie-Sitzung gesagt habe, gelöscht sein und keine Macht über dich haben. Jede Suggestion, die ich dir gegeben habe, wird ohne Kraft sein, wenn ich das Wort ‚gelöscht' sage." Nun soll ich ein früheres Geschehnis finden, von dem ich das Gefühl habe, es bequem anschauen zu können. Es dauert eine Weile, und ich bin beim Schulanfang meines knapp zwei Jahre älteren Bruders angelangt. Er schickt mich zum Beginn des Geschehens und fordert mich auf, durch dieses Erlebnis zu gehen und zu schildern, was passiert, während ich durchgehe. Stockend beginne ich zu erzählen. Sehe ich das wirklich, oder bilde ich mir nur ein, es zu sehen? Er stellt zwischendurch immer wieder Fragen nach dem, was ich sehe, höre und empfinde und bestätigt alles mit „ja", „gut", „sehr gut" und „geh weiter". Dann schickt er mich zum Beginn zurück mit der Anweisung, nochmals durchzugehen und dabei alle zusätzlichen Daten aufzunehmen, die ich kontaktieren kann. Das wird mehrmals wiederholt, und dann stellt er mir die Frage, ob es ein früheres Geschehnis gibt, das dem ähnelt. Der Vorgang wiederholt sich.

Nach einer Weile sagt er: Komm in die Gegenwart! Er vergewissert sich, daß ich in der Gegenwart bin, indem er nach meinem Alter fragt. Er gibt das Löscherwort. Wenn er von fünf bis eins zählt und mit den Fingern schnippt, werde ich mich wach und munter fühlen. Ich öffne die Augen und habe Mühe, mich zurechtzufinden, so als wäre ich gar nicht da. Aber ich fühle mich entspannt. Etwa zwei Stunden sind vergangen. Wir verlassen das Zimmer, und ich sehe nach Fredericke. Sie ist im Wohnzimmer und ißt gerade etwas. Also warte ich. Heike zeigt mir ein Buch über einen Kinderkommunikationskurs. Ich blättere darin und finde es toll, weil es mit vielen Bildern ist. Nachdem Fredericke fertig ist, verlassen wir das Haus und fahren nach Stahmeln, denn Gerda, meine Schwägerin, hat Geburtstag. Vorher gehen wir noch kurz in die Stadt, um etwas zu trinken und eine Grünpflanze zu kaufen. Auch nach Hause gehen wir nochmals, denn wir wollen mit den Rädern hinfahren. Gerda freut sich riesig über unser Kommen, weil sie nicht mit uns gerechnet hat. Wir unterhalten uns und trinken eine Flasche Wein. Die Kinder gehen schlafen, auch Fredericke. Sie freut sich sehr, dort übernachten zu dürfen. Später kommt Rolli, mein Bruder, erschöpft von der Arbeit. Ich bleibe noch eine Weile und fahre dann nach Hause. Freddy soll morgen früh kommen. Ich bin aufgewühlt von dem Tag und schlafe nur langsam und unruhig ein.

Dienstag, 21. Juli

Am Vormittag kommt Freddy nach Hause. Ich koche Mittagessen und mache den Haushalt. Gleich nach dem Essen müssen wir los zur Moschelesstraße, denn wir brauchen eine Stunde bis dorthin. Fredericke soll Badesachen mitbringen.

Olaf öffnet uns die Tür. Fredericke geht zu Heike; sie werden gleich ins Schreberbad gehen. Ich soll Fredericke nach dem Auditing dort abholen. Olaf erklärt mir den Weg. Wir gehen in das Schlafzimmer, und wieder stellt er mir die gleichen Fragen. Ich sage ihm, daß es da ein Problem gäbe. Es ist noch immer das Geldproblem, denn ich weiß nicht, wie ich die Fahrt nach München finanzieren soll. Er fordert mich auf, mir ein schlimmeres Problem vorzustellen, damit sich das bestehende abschwächt. Das Gefährliche ist, wenn man nur ein Problem hat, daß man sich zu sehr darauf konzentriert. Also stelle ich mir ein schlimmeres Problem vor, aber ich habe nicht das Gefühl, daß sich mein momentanes dadurch abschwächt, und sage das auch. Olaf arbeitet weiter daran. Er gibt mir zu verstehen, daß ich das Arbeitslosengeld erhalte, ohne einen Beitrag zu leisten. Das trifft mich. Ich solle mir doch Gedanken machen, wie ich das ändern kann. Darauf weiß ich keine Antwort. Soll ich mir eine Arbeit suchen, wo ich doch eventuell mitarbeiten will? Das ist alles so widersprüchlich. Während ich das denke, gebe ich mein Okay für das Auditing. Es wird eine verwirrende Sitzung. Ich folge seinen Anweisungen. Ich erzähle eine Begebenheit, als meine Mutter mich aus der Kinderkrippe abholte. Ich zweifle daran, ob sich das wirklich so zugetragen hat. Er geht mit mir dieses Geschehnis mehrmals durch und schickt mich in ein früheres, das dem ähnlich ist. Da sind keine klaren Bilder, eigentlich nichts. Er fragt, was ich sehe und was passiert. Ich beginne zu phantasieren, so daß alles darauf hinweist, im Mutterleib zu sein. Er fragt, was meine Mutter sagt. Er fragt immer wieder danach. Mir kommt in den Sinn: „Ich will dich nicht." Es ist das Gefühl, das ich habe, das Gefühl, überflüssig zu sein. Ich fange fürchterlich an zu weinen. Er drückt mir ein Taschentuch in die Hand und läßt mich diesen Satz „Ich will dich nicht" wieder und wieder sagen, bis ich mich beruhigt habe. Jedoch kann ich mich nicht so recht beruhigen. Immer mehr solcher Sätze kommen mir in den Sinn wie „Geh weg", „Was soll ich nur machen", „Ich kann nicht mehr" und so weiter. All das muß ich mehrmals wiederholen. Er schickt mich zu einem früheren Geschehnis, aber ich gehe die Zeitspur nach oben und folge seinen Anweisungen nicht mehr. Er holt mich in die Gegenwart und fragt mich nach meinem Alter, und ich sage immer wieder „drei Jahre". Und das wohl, weil ich nicht in die Gegenwart mag. Mehrmals muß er mir die Anweisung geben, in die Gegenwart zu kommen. Anschließend bin ich völlig fertig. Er meint, daß er mit mir das Auditing, zumindest diese Art davon, nicht mehr machen kann, da es zu

17

viel Negatives gebe. Morgen werde er eine andere Technik anwenden. Er vergewissert sich, ob er mich so losschicken kann. Tatsächlich bin ich in einem recht verwirrten Zustand, aber ich entschließe mich zu gehen und frage nochmals nach dem Weg zum Schwimmbad. Er läßt mich noch nicht gehen. Wichtig für mich wäre, eine Aufgabe zu haben. Er fragt mich nach einer Idee, was ich machen könne. Die Frage beschränkt sich auf das Dianetik-Zentrum. Ich mache den Vorschlag, Briefe zu schreiben oder andere Schreibarbeiten zu erledigen. Damit aber ist er nicht einverstanden. Nach einer Weile schlägt er mir vor, Flyers (Postkarten mit dem Bild Albert Einsteins und dessen Aussage: „Wir nutzen nur 10% unseres geistigen Potentials"), die für das Dianetik-Buch werben, zu verteilen. Für 1.000 verteilte Flyers erhält man 15 DM. Er geht weg, kommt wieder und packt mir 1.000 Stück davon auf den Tisch, ohne eine Antwort abzuwarten. Ich soll sie heute oder morgen in meiner Umgebung verteilen. Ich nehme die Flyers und verabschiede mich, um Fredericke vom Freibad abzuholen. Ich finde es nicht gleich, denn ich habe Orientierungsschwierigkeiten, komme aber doch irgendwie an. Es ist sehr heiß. Badesachen habe ich keine mit. Ich setze mich auf Frederickes Decke und bleibe noch eine Weile.

Heike und Olaf haben drei Kinder. Eine Tochter von sechs Jahren, ein Sohn ist zwei Jahre, und der Kleinste wird bald ein Jahr. Heikes Mutter und Tante sind auch da. Heike fragt mich, wie es war. Nicht so gut, sage ich. Sie erzählt mir was über Dianetik und gebraucht allerhand mir unbekannte Worte, so daß ich sie kaum verstehe. Gegen 18 Uhr verlassen wir das Bad, und ich fahre mit Fredericke nach Hause.

Ich bin verärgert. Es nervt mich, diese Flyers verteilen zu müssen, denn das bedeutet von Haus zu Haus zu gehen. Fredericke geht spielen. Ich überlege, ob ich losgehen soll, um die Flyers zu verteilen, kann mich aber nicht so recht entschließen. So verschiebe ich es auf morgen und nehme mir vor, zeitig aufzustehen. Die rechte Seite meiner Bauchdecke schmerzt. Ich schaue nach und entdecke eine breite Schürfwunde. Wie komme ich denn dazu? Ich muß sie mir während der Auditing-Sitzung zugezogen haben.

Ich stehe früh auf. Es regnet, doch überwinde ich mich loszugehen; ich will es hinter mich bringen. Erfolglos komme ich nach etwa einer Stunde zurück. Es war mir zu blöd, die Flyers in die Briefkästen zu stecken. Wir frühstücken gemeinsam. Was mache ich nur? Um 15 Uhr müssen wir in der Moschelesstraße sein, und da sind noch immer diese Flyers. Fredericke macht den Vorschlag, mir beim Verteilen zu helfen. Wir fahren mit den Rädern los. Bald zwei Stunden sind wir unterwegs, der Stapel will nicht abnehmen. Wir müssen die Aktion beenden, denn es ist fast Zeit, zum Dianetik-Zentrum zu fahren. Wir fahren nach Hause, essen schnell eine Kleinigkeit und machen uns auf den Weg. Olaf fragt sofort, wie es beim Flyersverteilen gelaufen sei. Ich berichte ihm davon. Er beglückwünscht mich zu meiner Überwindung und findet es toll, daß Fredericke geholfen hat. Heike ist im Kinderzimmer und zieht die Kinder an. Ich soll inzwischen zu ihr gehen, denn er müsse schnell noch was erledigen. Heike wirkt unnahbar, überhaupt ist sie recht launisch. Ist es vielleicht wegen Fredericke? Ihre Tante hat Geburtstag, und sie geht mit den Kindern und meiner Tochter zur Feier.

Olaf ruft mich zu sich. Er sagt, daß er heute mit mir etwas anderes machen wird. Er gibt mir die Anweisung, mich in dem Schlafzimmer umzusehen und ihm all die Dinge zu nennen, die ich auch besitze. Ich beginne aufzuzählen. Zwischendurch fragt er mich, was passiert. Ich antworte ihm, daß ich feststelle, eigentlich all die Gegenstände in diesem Zimmer in irgendeiner Art auch zu haben, und daß ich es erstaunlich finde, was ich alles habe. Sehr gut, sagt er immer wieder und bestätigt so alles, was ich sage. Nach einer Weile gerate ich ins Stocken. Wieder die Frage, was passiert. Ich sage, daß ich alles genannt habe. Weiterzumachen würde bedeuten, all die Dinge zu wiederholen. Er meint, daß die Anweisung das nicht ausschließt. Also beginne ich die Dinge zu wiederholen. Ich mache ihm deutlich, daß es mich nervt, es zu wiederholen. Sehr gut, erwidert er und fordert mich auf weiterzumachen. Also mache ich weiter, und irgendwann ist es mir egal, Dinge zu wiederholen. Das ganze dauert fast zwei Stunden. Er fragt mich, ob ich bei dieser Übung „Gewinne hatte". Ja, sage ich, und er weist mich an, sie aufzuschreiben. Anschließend wertet er den

Intelligenztest mit mir aus, den er im Papierkorb gefunden hat. Ich bestätige, daß es meiner ist. Ich hatte vergessen, den Namen darauf zu schreiben. Es ergibt sich ein Intelligenzquotient von 114. Damit gehöre ich zu den wenigen, die in diesem hohen Bereich liegen, und dieser IQ kann sich noch erhöhen. Gleich macht er noch einen Eignungstest mit mir: ob ich eine Führungsperson bin. Dieser fällt allerdings negativ aus. Wieder kommt er auf die Flyers zu sprechen; er wird mir 4.000 Stück mitgeben, die ich bis Sonntag, also bis ich eine Woche wegfahre, verteilen kann. So habe ich für München noch Geld. Gestern hatte er mir ein Buch empfohlen und fragt mich, ob ich das Geld dafür mithabe. Er schreibt eine Quittung aus. Das Buch heißt „Eine neue Sicht des Lebens", ist natürlich von L. Ron Hubbard und kostet 35 DM.

Heike ist mit den Kindern noch nicht zurück. Er gibt mir die Aufgabe, die Post und Quittungen in die einzelnen Mappen einzusortieren. Es ist ein breiter Aktenschrank mit vielen alphabetisch geordneten Namen. Für jeden gibt es eine gefaltete Pappe. Mühsam ist es, Post und Quittungen zuzuordnen. Es erscheint mir so unübersichtlich, da seit langem nichts einsortiert worden ist. Wenn Heike kommt, werde sie mit mir einen Kurs machen, damit ich eine bessere Übersicht über meine Finanzen bekäme. Als sie dann kommt, wirkt sie offen. Ich unterbreche meine Arbeit, und sie geht mit mir ins Wohnzimmer und erzählt etwas über Finanzen. Vor sich hat sie ein Buch liegen und liest mir daraus vor. Unter anderem geht es darum, daß man stets die älteste Rechnung zuerst bezahlt, auch wenn deren Betrag höher ist als eine später zu begleichende. Um einen besseren Überblick zu bekommen, errechnet man Ausgaben und Einnahmen. Sie beginnt, eine Aufstellung mit meinen Angaben zu machen, erst monatlich und dann wöchentlich. Das Ergebnis ist, daß meine Ausgaben höher sind als meine Einnahmen. Der nächste Schritt ist, die Ausgaben zu kürzen, was jedoch kaum möglich ist, da ohnehin alles eng bemessen ist. Man sollte stets eine wöchentliche Aufstellung machen, damit man weiß, was man wöchentlich verdienen muß. Olaf kommt herein und berichtet von einer erfreulichen Nachricht für mich. München habe soeben angerufen, wir können den Mitarbeitervertrag machen. Trotzdem werde dann dort geprüft, ob mit mir alles in Ordnung ist. Ich bin nicht gerade begeistert von dieser

Nachricht, um so mehr drückt Olaf seine Begeisterung darüber aus. Ich komme gar nicht dazu, mich zu äußern. Heike und ich sind eigentlich noch nicht fertig. Und doch bestimmt Olaf, die Übung abzubrechen. Er möchte, daß ich alle Formulare für den Mitarbeitervertrag ausfülle, so daß wir ihn sofort abschließen können. Es ist schon nach 21 Uhr, und ich frage, ob das unbedingt heute noch sein müsse. Er besteht darauf und treibt mich so in die Enge, daß ich beginne, die Formulare auszufüllen. Das ist ziemlich umfangreich. Ich beeile mich, denn ich will mit Fredericke nach Hause. Nach 22 Uhr bin ich mit dem Ausfüllen fertig. Er schaut alles durch und begrüßt mich als Mitarbeiter. Begeistert macht er mich mit einem altertümlichen Meßgerät vertraut, fordert mich auf, zwei Blechdosen, die an diesem hängen, in die Hände zu nehmen. Dabei soll ich die Nadel im Innern beobachten: Sie steht still. Dann kneift er mich in den rechten Arm. Wiederholt nehme ich die Dosen in die Hände und soll mich dabei an den Schmerz des Kneifens erinnern. Die Nadel bewegt sich nun, schlägt aus. Das Gerät wird E-Meter (Elektro-Meter) genannt und hat eine große Bedeutung für die Organisation, zum Beispiel bei Auditings. Gegen 22.30 Uhr verlasse ich mit Fredericke und den 4.000 Flyers das Haus. Gegen 24 Uhr sind wir zu Hause, denn die Straßenbahnen fahren nur noch selten, und wir müssen eine ganze Weile warten. Gegen Abend des nächsten Tages soll ich wiederkommen.

Donnerstag, 23. Juli

Ich komme nicht dazu, in der Wohnung etwas zu machen. Die Flyers schwirren mir im Kopf herum. Gegen 13 Uhr fahre ich mit dem Fahrrad zur Annaberger Straße. Fredericke mag nicht mit. Es ist sehr heiß. Ich stelle das Fahrrad ab und lege los. Es sind Altneubauten. Die Briefkästen befinden sich an der Haustür. Über drei Stunden flitze ich umher. Immer noch habe ich von den 1.500 mitgenommenen Flyers einen ganzen Stapel in der Tasche. Ich kann nicht mehr. Zur Sparkasse muß ich noch und einkaufen. Gegen 17.30 Uhr bin ich zu Hause. Es bleibt keine Zeit, mich zu entspannen, denn wir müssen in die Moschelesstraße. Ich mache Abendbrot. Wir essen, ziehen uns um und fahren los. Gegen 19 Uhr sind wir bei G.s. Ich gebe Olaf den

Zettel, auf dem steht, wo und wieviel ich verteilt habe. Er meint, daß das ganz gut sei. Es gibt eine Statistik, die besagt, daß man in Altbauten etwa 500 Stück pro Stunde verteilt und in Neubauten etwa 1.000 Stück pro Stunde. Er gibt mir was zum Studieren und prüft mich anschließend darauf, indem ich ihm Definitionen bestimmter Wörter nennen muß und Beispielsätze dafür. Es dauert ihm zu lange, ehe ich darauf antworte. Ich kann mich kaum noch konzentrieren. Olaf gibt mir zu verstehen, daß er mich momentan nichts anderes machen lassen kann, außer Flyers zu verteilen und die Post einzusortieren. Fredericke und Miriam spielen zusammen. Plötzlich schreit Fredericke und weint nach mir, aber sie darf mich beim Studieren nicht stören. Olaf verbietet ihr das. Eigenmächtig gehe ich zu meiner Tochter und frage sie, was los sei. Aufgebracht, zeigt sie mir ihr T-Shirt. Miriam hat ihr mit der Schere in den linken Ärmel geschnitten. Olaf mischt sich ein und macht Fredericke klar, daß sie die Schuld daran trägt, indem sie sich ins T-Shirt hat schneiden lassen. Wäre sie „Ursache" gewesen, hätte sie also die Tat nicht auf sich wirken lassen, wäre das nicht passiert. Mir bleibt keine Chance, Partei für meine Tochter zu ergreifen. Fredericke verlangt von Miriam, daß sie ihr das T-Shirt bezahlt, denn es ist ihr Lieblingshemd. Olaf verbietet Fredericke das Wort, und ich bin nicht in der Lage einzugreifen, fordere schließlich Einsicht von meiner Tochter. Wir werden „gebeten" zu gehen. Gegen 22 Uhr verlassen wir das Haus und sind wieder erst nach 23 Uhr zu Hause. Ich soll versuchen, morgen 2.000 Flyers zu verteilen und auf alle Fälle wieder herkommen.

Freitag, 24. Juli

Es ist Freitag. Ich wache auf und habe zu nichts Lust. Ich beschließe, heute keine Flyers zu verteilen und suche nach Ausreden dafür. Fahre dann aber doch gegen 12 Uhr mit Freddy nach Schkeuditz. Ich will die Flyers weghaben. Mit dem Geld, das ich dafür bekommen werde, kann ich den Rest des Auditings an Olaf bezahlen. Wir sind in Schkeuditz im Neubaugebiet. Es ist beschwerlich. Fast alle Türen sind verschlossen. Olaf meint, daß man klingeln solle, bis jemand aufschließt. Aber das ist mir zu blöd. Gegen 14.30 Uhr fahren wir wieder nach Hause. Morgen soll ich um 7.30 Uhr bei Olaf sein, um mit ihm auf dem Flohmarkt zu verkaufen. Ich schicke Fredericke mit dem Fahrrad nach Stahmeln, damit sie fragt, ob sie morgen bei Oma bleiben kann. Zwar soll ich noch in die Moschelesstraße kommen, um Bericht zu erstatten, aber ich fahre nicht hin und rufe auch nicht an. Freddy will hin. In meinem schlechten Zustand versuche ich mit Fredericke zu „verhandeln". Wir gehen nach Wahren einkaufen und dann nach Hause. Ich fühle mich sehr niedergeschlagen und bin gereizt.

Samstag, 25. Juli

Nach 6.30 Uhr erwache ich und bin somit spät dran, denn um 7.30 Uhr muß ich in der Moschelesstraße sein. Schnell esse ich was und trinke, während ich mich anziehe, noch Kaffee. Fredericke kommt. Ich sage ihr, daß sie noch schlafen kann und dann zur Oma fahren soll. Hastig gehe ich los. Kurz nach 7.30 Uhr bin ich da. Ich klingle, und Olaf öffnet die Tür. Sogleich entschuldige ich mich, daß ich gestern nicht gekommen bin, weil ich den ganzen Tag nichts fertiggebracht habe. Auch das Flyers-Verteilen sei sehr beschwerlich gewesen, denn die meisten Türen waren verschlossen. Ich gebe ihm zu verstehen, daß es wohl an seiner Aussage, mich nichts weiter machen lassen zu können, gelegen habe. Das hat mich frustriert, weil mein Opa oft so zu mir gesprochen hat. Er versteht und meint, daß somit mein reaktiver Verstand eingeschaltet war, und da sei es auch kein Wunder, daß die Türen verschlossen waren. (Das ist laut Dianetik der Teil des Verstandes, der nicht unter meiner Kontrolle steht und Macht und Befehlsgewalt über mein Bewußtsein, meine Ziele, meine Gedanken, meinen Körper und meine Handlungen ausübt.) Dennoch aber hätte ich zumindest anrufen müssen. Er „bittet" mich, die gefüllten Blumenaquarien ins Auto zu schaffen, und wir fahren zum Flohmarkt. Er weist mich ein, und wir bauen den Stand auf. Wir verkaufen Blumenaquarien und Handspieltiere. Wichtig ist es, ständig mit einem der Tiere zu spielen, um Kunden anzulocken. Ich bekomme zehn Prozent von dem, was ich verkaufe. Er macht mit mir einige Übungen zu Aufmerksamkeit, Konfrontation und Absicht. Zunächst braucht man die Absicht, also den Entschluß, etwas zu verkaufen. Indem man sich diese „fest hinstellt", funktioniert es. Dann soll ich mir einen Punkt am gegenüberliegenden Stand suchen. Ich schaue auf ein rosafarbenes T-Shirt. Nun soll ich meine Aufmerksamkeit auf dem T-Shirt lassen und gleichzeitig nach und nach den Stand links und rechts davon mit einschließen. Der Blickwinkel wird immer ausgedehnter, und schließlich soll ich auch die Stände hinter mir einbeziehen. Der Zweck dieser Übung ist, daß man seine Aufmerksamkeit nach draußen richtet und so die Kunden zu sich zieht. Während ich mich konzentriere, strömen die Leute tatsächlich an unseren Stand. Ich habe mir die Absicht und das Postulat (die Entscheidung) hingestellt, einen Waschbären und ein Blumenaquarium zu verkaufen. Nach einer Weile verkaufe ich tatsächlich ein Blumenaquarium und kurz darauf einen Waschbären.

Gegen 12.30 Uhr beginnt es zu regnen, so daß die Handspieltiere und das andere Zeug naß werden, denn wir haben keine Plane. Nach einer Weile jedoch hört es wieder auf. Olaf erzählt mir von jemandem, den er auditiert hat. Er habe eine sehr starke Brille getragen und kaum sehen können. Er habe ihn auditiert und in den Mutterleib geschickt. Danach habe dieser seine Brille zur Seite gelegt und ohne Brille sehen können. Als seine Mutter mit ihm schwanger gewesen war, hatte sein Vater weiterhin den Geschlechtsverkehr erzwungen, währenddessen er sprach. Der Auditierte konnte nichts sehen, weil er vergeblich nach dem Lichtschalter gesucht hat, ihn aber nicht finden konnte, weil der Vater ständig in seiner Nähe war. Mich fasziniert dabei die Tatsache, daß einer, der fast nichts sieht, plötzlich ohne Brille auskommt. Olaf läßt mich schätzen, wie alt dieser Auditierte wohl zur Zeit des Auditings war. Ich schätze, so Mitte 20. Nein, er sei erst 16 Jahre alt gewesen, und Olaf habe ihn später ein paar tausend Jahre zurückgeschickt. Jedenfalls hält sich dieser Junge heute bei Scientology in Kopenhagen auf. Seine Eltern haben ihr Einverständnis dazu gegeben. Es klingt unglaublich, wie ein Wunder. Doch bleibt mir keine Zeit, mir Gedanken darüber zu machen. Es fängt wieder an zu regnen. Wir packen gegen 14 Uhr zusammen, denn es kommen kaum noch Leute. Wir fahren zurück zur Moschelesstraße. Olaf macht die Abrechnung. Laut dem, was ich verkauft habe, würde ich 12,60 DM bekommen, aber er zahlt mir 25 DM aus, verabschiedet sich von mir und sagt, daß ich den Rest Flyers verteilen und mich morgen nochmals hier melden soll.

Montag früh wollen wir nach Peine-Vöhrum zu Astrid und Hans fahren. Ich gehe die Fahrkarten besorgen und fahre nach Stahmeln, um Fredericke zu holen. Sie ist noch mit Oma unterwegs. Ich gehe zu meinem Bruder Rolli und seiner Frau Gerda hoch, die im gleichen Haus wohnen. Sie sind dabei, sich umzuziehen, denn sie sind mit den Kindern zum Grillen eingeladen. Rolli macht mich an mit Kirche und so. Ich sage ihm, daß er damit aufhören soll, wenn er nicht weiß, worum es geht. Ich sage ihm, daß ich das Geld brauche, das er mir noch schuldet. Er sagt, er habe keines. Ich fordere ihn auf, sich darüber Gedanken zu machen, denn ich brauche das Geld dringend. (Olaf sagte zu mir, daß ich die Schulden eintreiben solle.) Rolands Stimmung ist dahin. Er sagt kein Wort mehr. Ich gehe nach Hause und weiß nicht so recht, was mit mir anzufangen. Eigentlich ist in der Wohnung allerhand zu tun, aber mir fehlt die Motivation. Ich koche Kaffee, und mir geht alles mögliche durch den Kopf. Es ist ein wahres Durcheinander. Später fahre ich nochmals nach Stahmeln, um Fredericke zu holen. Wie fast immer hat sie keine Lust, mit mir zu kommen. Meine Mutter ist dabei zu grillen. Also bleibe ich noch. Ihr Mann und noch zwei ältere Frauen sind da, die meine Tochter stets mit Naschereien überhäufen. Sie vergöttern sie alle, so daß mir kaum eine Chance bleibt, Einfluß auf Fredericke zu nehmen. Das ist auch der Grund, weshalb ich vor einem guten halben Jahr mit ihr ausgezogen bin. Seitdem jedoch ist alles noch viel schlimmer geworden. Fredericke läßt mich immer wieder spüren, daß sie nicht aus dem Haus ihrer Großeltern ziehen wollte. Wenn sie mal bei Oma und Opa, meinem Stiefvater, ist, wird sie verwöhnt, bekommt alles, was sie verlangt, und darf machen, was sie will. Auch die älteren Frauen leisten ihren Beitrag, indem sie ihr stets was schenken beziehungsweise es für Fredericke bei der Oma hinterlassen und der Fredericke immer wieder bestätigen, daß es bei der Oma doch am schönsten ist. Wiederholt muß ich Fredericke auffordern, nun zu kommen, weil es Zeit ist zu gehen. Mir ist, als würde ich mit der Wand reden. Dann endlich ist es soweit. Zwischen ihr und Oma folgt ein theatralisches Abschiedszeremoniell. So, als würden sie sich nun Jahre nicht sehen, dabei wohnen wir gerade einen Kilometer weit weg. Gegen 21 Uhr sind wir endlich zu Hause angelangt. Ich wasche noch Wäsche und mache die Hausordnung. Alles weitere verschiebe ich auf morgen, denn ich bin geschafft von diesem Tag. Die Flyers schwirren mir auch schon wieder im Kopf herum.

Sonntag, 26. Juli

Wir frühstücken gemeinsam, und ich beschließe, gleich danach loszugehen, um die restlichen Flyers zu verteilen. Kann mich ohnehin auf nichts anderes konzentrieren. Fahre also allein gegen 10.30 Uhr mit der Straßenbahn los. Daß Fredericke keine Lust hat, schon wieder mitzukommen, kann ich gut verstehen. Es sind immer noch über 2.000 Flyers. Ich fahre ein paar Haltestellen mit der Straßenbahn und fange mit der Verteilung an. Ich laufe und laufe. Streckenweise geht es ganz gut, aber in jedem Haus sind höchstens acht Briefkästen. Wieder gibt es verschlossene Türen. Es ist ein sehr heißer Tag. Der Stapel nimmt und nimmt nicht ab. Ich laufe in Möckern umher, dann weiter bis Gohlis und Eutritzsch. Ich kann kaum noch. Ich bin wieder in Gohlis. Es ist schon nach 15 Uhr. Da ist ein Kiosk, und ich mache eine Pause, um etwas zu essen und zu trinken. Die Luft ist raus. Ich beschließe, zur Haltestelle zu laufen. Auf dem Weg dahin verteile ich noch einige Flyers. Die Fußsohlen brennen mir, und ich schleppe mich weiter bis zur Haltestelle „Lindenthalerstraße". Sicher sind es noch immer über 1.000 Flyers, die ich habe. Es bleibt aber keine Zeit mehr, denn wir müssen noch in die Moschelesstraße, und morgen wollen wir doch verreisen. Gegen 16.30 Uhr komme ich völlig erschöpft zu Hause an. Fredericke schaut Fernsehen und sagt, daß sie Hunger hat. Sie fragt mich, ob ich es geschafft habe, alle zu verteilen. Ich lüge und sage, daß ich nur noch 200 Stück habe, und verstecke die restlichen. Sie könnte sich ja bei Olaf verplappern, denn ich habe vor zu sagen, daß fast alle verteilt sind. Immerhin war ich lange genug unterwegs. Ich mache was zu essen, schreibe den Zettel über die verteilten Flyers, trinke Kaffee und ziehe mich um. Wir essen, und gegen 18 Uhr fahren wir in die Moschelesstraße. Gegen 19 Uhr sind wir dort. Heike blättert in Katalogen. Olaf fragt mich, ob ich es geschafft habe. Fast, sage ich, bis auf 200 Stück etwa. Das ist okay, meint er, und ich komme gar nicht dazu zu erzählen, wie anstrengend es war. Er wünscht uns eine gute Reise. Ich erzähle ihm, daß mein Bruder sich lustig gemacht habe über das, was ich mache. Als ich dann das Geld von ihm gefordert habe, das er mir schuldet, habe ich keine Antwort bekommen, nur daß er das Geld nicht hätte. Olaf empfiehlt mir mit Nachdruck, noch heute ein Schreiben aufzusetzen, in dem ich das Geld fordern und mit Gericht drohen solle. Eigentlich bin ich verärgert, daß ich wegen dieser paar Minuten hingefahren bin, und frage mich kurz, was das alles soll. Die Fahrerei hätte ich mir sparen können, aber mir bleibt keine Zeit, weiter darüber nachzudenken. Morgen wollen wir verreisen, und gleich müssen wir noch bei Astrid anrufen, wann wir kommen. Um 20.20 Uhr rufen wir von Wahren aus bei ihr an. Sie freut sich auf unseren Besuch. Nun muß ich noch alles für die Fahrt fertigmachen. Da ich die ganze Woche zu fast nichts gekommen bin, ist vieles liegengeblieben, so auch die Bügelwäsche. Nach 24 Uhr komme ich endlich zum Schlafen.

Montag, 27. Juli, bis Donnerstag, 30. Juli

Ich habe verschlafen. Fredericke tobt. Ich mache ihr klar, daß wir lediglich zwei Stunden später fahren und die Tante vorher anrufen werden. Wir fahren zum Bahnhof und erkundigen uns nach der nächsten Verbindung. Ich rufe bei Astrid an, um mitzuteilen, wann wir nun kommen, denn sie wollen uns vom Bahnhof in Peine abholen. Wir haben noch etwas Zeit, und ich erkundige mich nach einer Fahrpreisermäßigung. Am 3. August sollen wir ja nach München fahren. Freddy verträgt Autofahren nicht, und die Zugfahrt würde hin und zurück über 300 DM kosten. Es gibt keine Ermäßigung. Wir gehen zum Zug und fahren los. Zweimal müssen wir umsteigen. Gegen 15 Uhr sind wir in Peine, und Astrid, Hans und Yvonne erwarten uns schon. Wir fahren zu ihnen nach Hause, und sie zeigen uns die Wohnung. Es ist eine kleine niedliche Mansarden-Wohnung. Wir trinken Kaffee und haben uns viel zu erzählen. Astrid ist eine gute Bekannte und hat bis vor etwa einem Jahr auf unserem Grundstück gewohnt. Dann haben Hans und sie geheiratet, und sie ist zu ihm gezogen. Fredericke sagt Tante zu ihr, obwohl es nicht ihre Tante ist.

Bis Donnerstag sind wir also zu Besuch, machen einen ausgedehnten Stadtbummel, grillen fast jeden Abend im Garten. Fredericke ist froh, mit Yvonne zusammen zu sein. Fredericke ist sieben, Yvonne siebzehn Jahre alt. In Stahmeln haben sie oft zusammengehockt und gemeinsam allerhand unternommen. Unbeirrt erzähle ich auch von dem, was ich derzeit so mache, auch von Scientology. Astrid und Hans finden das okay. Am Donnerstag fahren wir wieder zurück. Astrid und Hans nehmen uns mit dem Auto mit, denn sie wollen auch nach Leipzig. Mir ist der Donnerstag ganz recht, denn am Montag fahren wir schon nach München. Eigentlich bereite ich Reisen etwas länger vor. Gegen Abend sind wir in Leipzig.

Freitag, 31. Juli

Wir gehen nach Wahren, um einige Besorgungen zu machen. Auf dem Rückweg rufe ich bei Olaf an, um mich zurückzumelden. Er freut sich über meinen Anruf und fragt, ob wir gleich kommen könnten. Er hätte einen Standplatz, und ich könnte dort verkaufen. Na ja, sage ich, wir könnten frühestens in zwei Stunden da sein, denn wir kommen gerade vom Einkaufen und Mittag müssen wir auch noch essen. Er sagt, das sei zu spät, und ich solle es schneller versuchen. Es ist 12.15 Uhr. Ich sage okay. Und schon sind wir wieder im Streß. Immerhin brauchen wir etwa eine Stunde bis dorthin. Wir gehen nach Hause, essen auf die Schnelle etwas und sind gegen 13.45 Uhr da. Sofort fährt Olaf mich zum Bayrischen Platz. Ich soll allein verkaufen und bekomme 15 Prozent vom Umsatz. Er räumt das Auto mit aus und fährt wieder weg. Ich baue auf und mache fast 300 DM Umsatz. Um 18 Uhr kommt Olaf, um mich zu holen. Er fragt, wie es war. Unsicher nenne ich ihm den Umsatz, er aber meint, daß das super sei für vier Stunden. Wir fahren in die Moschelesstraße. Er zahlt mich aus und gibt mir was zum Studieren. Fast 23 Uhr wird es, bis wir zu Hause sind. Morgen sollen wir um 7.30 Uhr da sein, weil wieder Flohmarkt ist.

Bin mit Fredericke gegen 7.30 Uhr da. Freddy bleibt bei Heike und
den Kindern. Ich räume das Auto fertig ein, und Olaf fährt mich zum
Flohmarkt und fragt mich, wie es mit dem Geld aussieht. Nicht
gerade rosig, sage ich. Er schlägt vor, dann noch nicht nach München
zu fahren. Ich soll die ganze nächste Woche verkaufen, um genügend
Geld für München zu haben. Er räumt das Auto mit aus und verschwindet. Die Sonne sticht. An Armen und Händen macht sich
wieder die Sonnenallergie breit. Gegen Mittag kommt Olaf vorbei
und meint, daß das so nichts wird. Er redet eine Weile auf mich ein
und verschwindet wieder. Gegen 16 Uhr holt er mich ab und sagt,
daß er mich am Schwimmbad absetzen wolle. Ich kann die Hitze
kaum noch ertragen und sage, daß mir die Sonne zu schaffen mache
und ich keine Lust auf das Bad habe. Ich könnte doch die Post fertig
einsortieren. Er setzt mich am Schwimmbad ab. Badesachen habe ich
nicht mit. Heikes Tante borgt mir einen Badeanzug. Morgen sollen
wir zum Sommerfest ins Schwimmbad kommen. Vielleicht können
wir auch verkaufen. Heike jedoch bekommt von den Angestellten
keine Verkaufserlaubnis. Auf dem Weg zur Wohnung unterhalte ich
mich mit ihr. Ihr kommt in den Sinn, an die Ostsee zu fahren, um zu
verkaufen. Beiläufig erwähne ich, daß meine Tante an der Ostsee
wohnt. Sie kommt ins Schwärmen und redet und redet. Sie plant,
einen Bus zu mieten. Die Kinder, ihre Mutter und wir, alle könnten
mitfahren. Wir könnten verkaufen und gleichzeitig Urlaub machen.
Sie ist begeistert und erzählt gleich Olaf davon. Er sagt, daß das unmöglich gehe. Die Kosten seien viel zu hoch und und und. Heike ist
sauer. Olaf fragt sie, ob sie einen Stand im Bad klargemacht habe. Er
wirft ihr vor, daß ihr das nicht gelungen ist. Ich will nach Hause und
frage, wann ich morgen da sein soll. Olaf zahlt mich aus. Um 11 Uhr
soll ich mit Freddy im Bad sein. Wir gehen. Zu Hause machen wir es
uns gemütlich. Als Fredericke im Bett ist, trinke ich eine Flasche
Wein. Mir ist danach. Gegen 24 Uhr klingelt es. Es sind Thomas und
Gabi, zwei alte Freunde. Ich freue mich riesig über ihren Besuch. Wir
unterhalten uns, und ich mache den Vorschlag, doch noch irgendwo
hinzugehen. Wir fahren zum Café Visavi und gehen anschließend ins
Löwenbräu. Thomas muß dann gehen. Gabi und ich bleiben. Es ist

schön, wieder mal so richtig zu quatschen. Ich erzähle viel von Scientology. Gegen 9 Uhr morgens bin ich zu Hause, mache Frühstück und lege mich erst mal hin, denn wir haben allerhand getrunken. Etwa um 14 Uhr wache ich auf. Wir müssen zum Schwimmbad. Mir geht es nicht besonders gut. Gegen 16 Uhr sind wir dort. Es ist nichts los. Anschließend gehen wir mit in die Wohnung der G.s. Olaf fragt sofort, wann wir dagewesen seien. Er weiß also, daß wir nicht zur verabredeten Zeit da waren. Ich erzähle, daß ich Besuch hatte. Wir seien noch weggegangen, und ich sei erst früh zu Hause gewesen. Da habe ich dann erst mal geschlafen. Er erwidert, daß man zum Zeitpunkt da zu sein hat. Ich stelle daraufhin fest, daß es ohnehin nichts zu tun gab, sage aber nichts. Morgen soll ich um 8 Uhr kommen und ihm die wöchentliche Aufstellung über Einnahmen und Ausgaben zeigen. Sehr energisch redet er mit mir.

Wir fahren nach Hause. Ich bin müde. Alles ist mir zu viel. Die Hausordnung und das Abendbrot muß ich noch machen, aber ich bin fix und fertig. Frederike erklärt sich bereit, alles zu übernehmen, und ich kann mich ruhig hinlegen. Sie weckt mich, als das Abendbrot fertig ist. Kurz stehe ich nochmals auf und lege mich wieder schlafen, denn am nächsten Tag müssen wir schon wieder zeitig los.

Montag, 3. August, bis Donnerstag, 6. August

Die Fahrt nach München ist verschoben worden, weil ich noch Geld brauche. Vom 3. bis 8. August soll ich täglich verkaufen. Ich zeige Olaf die wöchentliche Aufstellung über Ausgaben und Einnahmen. Er möchte sie sehen, um festzustellen, ob ich das richtig verstanden habe. Er fragt nach dem Unterhalt von Frederickes Vater, der Betrag müsse doch viel höher sein. Gleich morgen früh soll ich zum Jugendamt gehen, um das zu klären. Anhand der Ausgaben zeigt sich, was ich pro Woche verdienen muß. Das sei das nächste, was wir angehen, damit ich dem Arbeitsamt melden kann, daß ich das Arbeitslosengeld nicht mehr brauche. Morgen gebe er mir frei, daß ich die Behördengänge erledigen kann. Er fährt mich zum Lips-Markt. Bis 17.30 Uhr bin ich dort und mache nur 102 DM Umsatz.

Am nächsten Verkaufstag sind es nur 48 DM! Jeweils 15 Prozent bekomme ich davon.

Das Hin und Her in dieser Woche ist gewaltig. Ich werde völlig beansprucht. Der Behördentag wird gestrichen. Es werden „Maßnahmen eingeleitet", um den Umsatz zu erhöhen. Man macht mir deutlich, daß der Mißerfolg nur an mir liege.

Olaf macht eine Menge Übungen mit mir. So zum Beispiel: „Hingreifen und Zurückziehen". Er fordert mich auf, einen bestimmten Gegenstand zu berühren und mich dann wieder davon zurückzuziehen, ihn also loszulassen. Darauf erhalte ich stets Bestätigungen wie „danke" und „sehr gut". Die Übung dient dazu, die Aufmerksamkeit von sich nach „draußen zu befördern". Dann gibt es eine Übung „Bequem da sein zu können". Wir sitzen uns gegenüber, erst mit geschlossenen Augen und dann im Blickkontakt.

Nachdem ich bis 18 Uhr verkauft habe, bekomme ich jede Menge zum Studieren. Später prüft Olaf, ob ich es richtig verstanden habe. Verschiedene Wörterbücher sind dazu nötig.

Täglich bin ich von 6.30 Uhr bis 23 Uhr unterwegs. Mit Mühe kann ich etwas Zeit rausschinden, um einzukaufen und etwas im Haushalt zu machen. Die Zeit jedoch ist so eng bemessen, daß ich nichts zu Ende führen kann. Fredericke wird auf diese Weise den ganzen Tag von mir ferngehalten. Lediglich auf dem Weg zur und von der Moschelesstraße sind wir zusammen.

Es bleibt keine Möglichkeit, mir der Situation bewußt zu werden. Ich gerate in Zeitprobleme und schaffe es nicht immer, zum festgelegten Termin da zu sein. Das Resultat sind subtile Rügen.

Heike wird für zwei Stunden auf den Markt geschickt, um mich zu kontrollieren und den Umsatz zu steigern.

Ansonsten verkaufe ich stets allein. Olaf fährt mich morgens hin, kommt gegen Mittag vorbei, um mich „aufzumöbeln", und holt mich gegen 18 Uhr wieder ab. Dann werde ich noch bis gegen 22 Uhr beschäftigt. Ich komme nicht zur Besinnung. Die Zugfahrt nach München ist zu teuer. Also bleibt nur, bei der Mitfahrzentrale einen Platz zu bekommen. Fredericke weigert sich mitzukommen, so sehr fürchtet sie das Autofahren. Sie kann bei Oma bleiben. Irgendwann habe ich das wohl organisiert. Im Kinderhort habe ich sie auch angemeldet.

Am Morgen sagt Olaf, daß wir am nächsten Tag zusammen nach München fahren. Er muß nach München, weil bei ihm eine Grippe (Schnupfen) im Anflug sei und das zeige, daß bei ihm was nicht stimmt. Auch so laufe bei ihm zur Zeit nichts. Er werde sich nach einer Mitfahrgelegenheit für uns beide erkundigen.

Er gibt mir noch einige Anweisungen und wünscht mir viel Spaß und Erfolg beim Verkaufen. Bis 18 Uhr verkaufe ich auf dem Eutritzscher Markt. Allmählich steigt der Umsatz wieder an.

Olaf holt mich ab und scheint zufrieden mit dem Verkaufsergebnis. Und dennoch fragt er mich, was mich davon abhalte, mehr Umsatz zu machen. Nun, ich bin der Meinung, daß es besser ist, ihn allmählich zu erhöhen, auch damit es nicht wieder zu diesem Einbruch kommt. Er stellt fest, daß etwas mit meiner Havingness (also, daß ich es haben kann) nicht stimmt. Er erklärt mir anhand eines Buches, was Geld eigentlich ist. Es ist nichts anderes als ein Tauschmittel. Wichtig ist, daß es einen Geldstrom gibt. Geld muß fließen. Man gibt es aus und bekommt wieder welches. Er werde dazu mit mir eine Übung machen. Doch vorher macht er mir klar, wie wichtig es sei, daß Heike mit ihm nach München fährt. Er fragt, ob ich drei Tage auf die Kinder aufpassen und anschließend nach München kommen könne. Heike würde am Montag zurückkehren. So recht zum Nachdenken komme ich nicht. Er überzeugt mich von der Wichtigkeit. Irgendwie sage ich auch zu. Er macht also diese Übung mit mir. Zunächst lese ich in dem Buch, worum es geht. Der Zweck der Übung ist, seine Havingness bezüglich des Geldes spürbar zu erhöhen. Er fordert mich auf, das vorhandene Geld zu zählen. Es sind 500 DM. Die Scheine soll ich mir genau anschauen, und ich stelle fest, daß mir noch nie aufgefallen ist, was alles auf ihnen zu sehen ist. Er lacht. Nun soll ich Schein für Schein nehmen, ihn zerknüllen und wegwerfen. Nachdem alle Scheine weggeworfen sind, hebt man sie wieder auf, und das Spiel beginnt von neuem. Er fragt mich, was passiert, während ich die Übung durchführe. Ich erwidere, daß es mir schwerfalle, das Geld zu zerknüllen und wegzuwerfen. Sehr gut, entgegnet er mir und fordert mich auf, weiterzumachen. Nach einer Weile ist mir, als würde ich Papier zerknüllen und wegwerfen. Gut eine halbe Stunde mache ich das. Heike kommt rein, lacht und bemerkt, daß das eine tolle Übung sei. Olaf sagt ihr, daß sie mit ihm nach München fährt. Sie fragt, wo die Kinder bleiben sollen. Elke paßt auf sie auf. Sie ist erstaunt. Ich bestätige ihr, daß ich die Kinder nehmen werde. Sie müsse mich nur einweisen und mir sagen, was zu beachten ist. Bisher hatte ich mit den Kindern kaum etwas zu tun. Sie hat eine Art Verhaltensanweisung gemacht, in der alles über die Versorgung ihrer Kinder enthalten ist, und gibt sie mir zu lesen. Es ist schon fast 20 Uhr. Sie haben vergessen, Blumen für die Blumenaquarien zu kaufen. Ich sage, daß ich welche aus dem Garten meiner Mutter mitbringen könne. Das ist okay, aber ich müsse dann morgen spätestens um 7 Uhr da sein, damit wir sie noch bestücken können. Das ist sehr früh, denke ich. Ich gebe mein Einverständnis und ihnen zu verstehen, daß ich dann aber jetzt los müsse, weil ich Fredericke noch zu meinen Eltern bringen und die Sachen holen muß. Das leuchtet ihnen ein, und wir dürfen gehen. Gegen 21 Uhr sind wir zu Hause. Es bleibt keine Zeit, Freddys Tasche zu packen. Wir holen die Räder und fahren gleich nach Stahmeln, denn gewöhnlich gehen meine Eltern um 21.30 Uhr ins Bett. Da sie morgen ohnehin auf den Flohmarkt kommen, um ein Blumenaquarium zu kaufen, kann ich ihnen da Frederickes Sachen mitgeben. Ich frage meine Mutter nach Blumen. Später gehe ich zu Roland hoch, den ich nicht gesehen habe, seit ich das Geld von ihm gefordert habe. Eine gute Stunde unterhalten wir uns. Das Schreiben des Geldes wegen habe ich nicht aufgesetzt. Gerda ist mit den Kindern in Höxter. Ich erzähle ihm von der Geldübung. Und davon, daß das Geld fließen muß. Ich bin regelrecht aufgekratzt von den Eindrücken des Tages. Mir ist, als könnte ich Bäume ausreißen. Er fragt mich, wie es mit den Standgebühren sei. Sie haben vor, Gipsmasken mit echtem Leder zu verkaufen. Die Hersteller verlangen 20 DM pro Maske. Ich bin so euphorisch, daß ich Roland anbiete, das Muster morgen Olaf zu zeigen und zu versuchen, die Masken mit ihm zu verkaufen. Roland findet das toll. So könnte er mir auch die Schulden zurückzahlen. Würde gern noch bleiben, aber ich muß noch Frederickes und meine Sachen fertigmachen. Ich verabschiede mich von Roland und bin nach 23 Uhr zu Hause. Spät wird es, ehe ich ins Bett komme. Es ist schon Samstag.

Kurz nach 7 Uhr bin ich in der Moschelesstraße. Wir bestücken die Blumenaquarien, und Olaf sagt, daß Heike doch nicht mit nach München fahre. Ich solle mitfahren. Ich mache ihm klar, daß ich weder das Geld noch genügend Sachen mithabe. Heike steht auf und fragt Olaf, warum er sie nicht geweckt habe. Er behauptet, sie geweckt zu haben. Er sagt ihr, daß ich das Geld für München nicht mithabe. Er ist wütend. Heike reagiert, indem sie wieder ins Bett geht. Ich kann dem allem nicht recht folgen. Ich zeige Olaf die Maske, von der ich ihm bereits erzählt habe. Ich sage, daß die Hersteller dafür 20 DM verlangen. Energisch erwidert er, das sei zu teuer im Einkauf. Ich bin sprachlos und stecke die Maske wieder ein. Wir packen die gefüllten Blumenaquarien in die Kartons, denn wir müssen los. Olaf geht nochmals zu Heike, um ihr zu sagen, daß er ihr Verhalten nicht verstehe. Barsch sagt er zu ihr, er lege hiermit fest, daß sie mit ihm nach München fährt und ich wie abgesprochen die Kinder beaufsichtige.

Wir fahren zum Flohmarkt. Ich soll mir „hinsetzen", 500 DM Umsatz zu machen. Er baut mit auf und verschwindet. Wieder ist es sehr heiß. Obwohl ich fast nicht geschlafen habe, bin ich ganz gut drauf. Zwischendurch kommt Heikes Mutter an den Stand und fragt, ob ich wirklich die Kinder nehme. Sie erzählt, daß sie jedesmal fix und fertig ist, wenn sie die Kinder hat. Und Olaf scheint sich nicht darüber im klaren zu sein, daß er drei Kinder hat. Jedenfalls versteht sie nicht, warum die beiden immer zusammen nach München fahren müssen. Ich weiß, daß Heikes Mutter oft die Kinder nimmt, aber pro Tag 50 DM verlangt. Da sie kein Geld haben, wurde ich auserkoren. Überhaupt scheinen sie finanziell ganz schön in Schwierigkeiten zu stecken.

Gegen Mittag kommt Olaf wieder an den Stand. Er sagt, daß ich nun doch mit ihm nach München fahre. Er werde mich um 16 Uhr abholen und mich nach Hause fahren, damit ich das Geld und was ich noch brauche holen kann. Um 17 Uhr gehe es von der Mitfahrzentrale aus nach München. Meine Eltern und Freddy kommen zum Stand. Sie kaufen ein Blumenaquarium, und ich übergebe Frederickes Sachen.

Über 300 DM Umsatz habe ich gemacht. Olaf kommt. Wir bauen ab und fahren zu meiner Wohnung. Verkehrsregeln scheint es für ihn nicht zu geben. Er ist überzeugt davon, daß ihm nichts passieren könne und kein Polizist ihn stoppen werde. Wir gurten uns nie an. Ich flitze nach oben, packe ein paar Sachen zusammen, nehme das Geld und ziehe mich um, denn ich bin völlig durchgeschwitzt. Zum Frischmachen bleibt keine Zeit. Ab geht die Fahrt zur Moschelesstraße. Er zahlt mich aus, und wir fahren mit der Straßenbahn zur Mitfahrzentrale.

Nach gut vier Stunden sind wir in München. Die Fahrt war belastend. Der Fahrer hat ständig geredet. Irgendwie aber geht das alles an mir vorbei. Ich bin der Ohnmacht nahe. Olaf erzählt mir verwirrende Dinge. So zum Beispiel, welche Macht ein Clear (Geklärter) hat. Es gab eine Zeit, da sind in seiner Nähe ständig Unfälle passiert, wobei er einfach die Ursache war, geistig gesehen.

Irgendwann betreten wir dann die Org. Mir ist, als wäre ich in einem Hotel. Da ist eine Rezeption. Der Fußboden glänzt. Olaf läuft mit mir hin und her. Wir machen bei einer jungen Frau halt. Hallo und schön, daß ihr da seid. Toll! Es ist Silke, und sie ist von Leipzig nach München gegangen. Sie fragt mich gleich, ob ich Lust hätte, morgen zum Auditing des Dianetik-Seminars zu gehen. Ja, ich hätte schon Lust, erwidere ich. Olaf wendet ein, daß wir erst noch zu Gabi gehen müssen. Wir gehen die Treppen hinauf zu Gabi. Auch da gibt es ein großes Hallo und toll, daß ich da bin, und so weiter. Nach einer Übernachtung für mich müssen wir noch fragen. Das ist wieder woanders. Die Frau sagt, daß es schlecht aussieht, aber sie hätte da noch was für 33 DM die Nacht. Es ist schon nach 22 Uhr. 33 DM bin ich nicht bereit zu zahlen, auch nicht für eine Nacht. Wir gehen zur Kantine. Olafs Übernachtung ist klar, und er meint, daß ich mich unter den Leuten umhorchen müsse zwecks Übernachtung. Es sei so üblich hier, ständig zu fragen. Er geht. Ich kenne niemanden. Ich sitze auf einem Zweisitzer-Sofa, und mir ist alles egal. Das ganze Treiben geht an mir vorbei. Ich bin völlig ausgelaugt. Olaf kommt wieder und sagt, ich könne heute mit zu seinem Quartier kommen, und morgen würden wir dann weiter sehen. Wieder rennt er mit mir durch dieses Haus, um die Unterlagen für meinen ersten Kurs zu holen, den Staff Status O. Das ist der erste Kurs, den ein Mitarbeiter zu durchlaufen hat. Es sei noch Zeit, und ich könne sofort damit beginnen. Dieser Kurs dient dazu, sich in dem mehrstöckigen Gebäude zurechtzufinden. Man hat sich durchzufragen. Es stinkt mir, denn ich bin seit etwa 5 Uhr auf den Beinen und am Ende.

Ich komme nicht zur Ruhe. Olaf bittet mich, ihm zu folgen. Also raffe ich mich auf und schleppe mich vom dritten in den ersten, dann wieder zum vierten Stock, zum Erdgeschoß und so weiter. Leute, die mich sehen, fragen mich sogleich, ob sie mir helfen können. Es ist wohl offensichtlich, welchen Durchlauf ich mache. Sie sind alle sehr freundlich. Es ist schon weit nach 23 Uhr. Olaf kommt und sagt, daß es genug für heute sei. Wir müssen jetzt zum Quartier. Wir folgen zwei Leuten, die uns dorthin führen werden. Also raus aus diesem Gebäude. Die beiden gehen zügig. Die Straße ist voll von Leuten. Da ist Gaststätte an Gaststätte. Tische und Stühle im Freien sind bis zum letzten Platz besetzt. Es ist ein wahres Menschengewimmel. Olaf meint, daß wir den beiden folgen müssen und sie nicht verlieren dürfen, da wir sonst das Quartier nicht finden. Es ist schwierig, sich durch all die Menschen einen Weg zu bahnen. Da ist eine U-Bahnstation. Fahrkarten müssen wir noch kaufen. Geschwind geht es die Treppen hinunter, um die U-Bahn zu erreichen. Wir steigen aus, und rasant geht es weiter. Treppen hoch, rennen, Treppen runter und Spurt zur S-Bahn. Und wieder aussteigen, zügig laufen, kurze Pause und rein in den Bus. Nun noch ein Stück zu Fuß, die Treppen hoch, und da ist es nun, das Quartier. Es ist eine Wohngemeinschaft von Scientologen. Wir betreten ein Zimmer. Es ist Ralfs Zimmer. Er begrüßt uns und holt Matratzen und Bettzeug. Olaf geht sofort duschen, und während ich warte, bis das Bad frei ist, unterhalte ich mich mit Ralf. Er erzählt mir, daß er aus Mühlhausen kommt und seit anderthalb Jahren bei Scientology ist. Er war so begeistert von alledem, daß er gleich in München geblieben ist. Ich gehe duschen. Nach 1 Uhr komme ich endlich zum Schlafen. Um 8 Uhr müssen wir wieder aufstehen. Ich bin fix und fertig und schlafe sofort ein.

Um 8 Uhr heißt es aufstehen. Ich warte, bis das Bad frei ist. Die anderen müssen um die gleiche Zeit aus dem Haus. Außer Olaf und mir wohnen dort sechs Personen.

Und los geht es wieder mit Bus, S-Bahn und U-Bahn. Ich folge einfach den anderen. Alles ist mir so fremd. Da ist wieder diese Org. Ich darf gleich mit dem Durchlauf weitermachen. Gefrühstückt habe ich noch nicht, und ich sage Olaf Bescheid, daß ich erst mal was essen und trinken gehe. Ich laufe die Leopoldstraße umher. Ich kenne mich nicht aus. Setze mich dann irgendwo hin, schaue mir die Karte an und erschrecke über die Preise. Im Schnitt kostet ein Frühstück ab 15 DM aufwärts. Ich gehe wieder und lese an einer Gaststätte ein Schild: Frühstück mit Kaffee 9,50 DM. Ich muß was essen. Ich setze mich und bestelle. Nach dem Frühstück kehre ich wieder in die Org zurück, um den Durchlauf endlich abzuschließen. Also frage ich mich weiter durch, um meine Initialen hinter die Anweisungen machen zu können. Es ist fast unmöglich, sich hier zurechtzufinden. Da sind so viele unbekannte Wörter und Fremdwörter, und zwar meist aus dem Englischen. Gegen 13 Uhr bin ich endlich fertig. Man beglückwünscht mich zum ersten abgeschlossenen Kurs, und gleich darauf geht es weiter. Olaf stellt mir eine Frau vor, die mir einen „TIP" (anweisender Trainingsvorschlag) geben wird über weitere Kurse. Beginnen muß ich mit dem HDA (Hubbard-Dianetik-Auditoren)-Kurs. Einige Formalitäten werden noch erledigt, und man bringt mich in den Kursraum.

Täglich wird von 9.30 Uhr bis 22.00 Uhr studiert:

 9.30 Uhr bis 12.00 Uhr Studieren
12.00 Uhr bis 13.00 Uhr Pause
13.00 Uhr bis 15.30 Uhr Studieren
15.30 Uhr bis 15.45 Uhr Pause
15.45 Uhr bis 18.00 Uhr Studieren
18.00 Uhr bis 19.00 Uhr Pause
19.00 Uhr bis 22.00 Uhr Studieren

Die Studienzeiten sind strikt einzuhalten. Zu Beginn jeder Studiereinheit wird vom Kursüberwacher die Anwesenheit überprüft. Sie nennen das Rollcount. Alle Namen werden aufgerufen, die Aufgerufenen antworten mit einem lauten „Ja", und der Kursüberwacher bestätigt mit einem „Sehr gut". Er fragt die Anwesenden, wie es ihnen geht, bis ein eindeutiges „Gut" aus der Gruppe kommt. Dann folgt die Frage danach, wer noch keinen Taghit (Tagesziel des Lernpensums) hat. Er notiert sich die Namen. Und wer ist dabei, sein Tagesziel zu schaffen? Er zählt die Meldungen. Die, die sich gemeldet haben, erhalten von allen eine gute Hand, also Applaus. Dann die Frage: Bereit zum Starten? Nachdem wieder ein eindeutiges „Ja" erfolgt ist, ruft der Kursüberwacher: Start! Zuspätkommende werden so gekonnt gerügt, daß sie beim nächsten Mal pünktlich sein werden.

Jeder Student studiert für sich. Die Grundlage bildet das jeweilige Checksheet, ein Formular mit der Aufgabenstellung, das Schritt für Schritt abgearbeitet wird. Der Kursüberwacher (es gibt mehrere davon) hat sicherzustellen, daß der Student alles so versteht, wie er es verstehen soll. Übungen werden nur durch den Kursüberwacher abgezeichnet. Erst wenn er sein Okay gibt, kann man weitermachen. Sobald ein Student erschöpft wirkt oder nicht so recht vorankommt, wird der Kursüberwacher neben ihm stehen. Dabei kann es sich nur um ein mißverstandenes Wort handeln. Gegen 15 Uhr unterbreche ich den Kurs und gehe mit zwei anderen zum „Englischen Garten". Dort findet in einem Restaurant das Dianetik-Seminar statt, welches von einem OT 8 (Operating Thetan der höchsten Stufe, also ein Top-Scientologe mit „außergewöhnlichen Fähigkeiten") geleitet wird. Mehrere Leute sollen auditiert werden. Andreas ist mein Auditor. In dieser fast dreistündigen Sitzung durchlebe ich meine „eigene Geburt". Anschließend habe ich mich gleich wieder in den Kursraum zu begeben. Später treffe ich Olaf, und er erkundigt sich nach dem Verlauf der Sitzung. Etwas verstört und unsicher erzähle ich ihm, daß Andreas mich bis zur Geburt geführt hat. Olaf gratuliert mir und Andreas, dies geschafft zu haben, und versichert mir, damit eine entscheidende Schwelle genommen zu haben. In Leipzig mußte er das Auditing mit mir abbrechen. Dies sei nun hinfällig.

Ich habe Schwierigkeiten, die langen Studienzeiten durchzustehen. Bekanntermaßen läßt die Konzentration nach 45 Minuten nach, aber hier scheint das keine Gültigkeit zu haben. Es ist auch nicht erlaubt, zwischendurch den Kursraum zu verlassen. Die ersten Tage quäle ich mich durch die Zeiten, lasse es mir aber kaum anmerken, um nicht wieder nach mißverstandenen Wörtern suchen zu müssen. Diese Erfahrung hatte ich gleich am Anfang gemacht. Der Kursüberwacher kam, weil ich wohl nicht recht bei der Sache war, und fragte mich, ob da was sei, was ich nicht verstehe. Nein, antworte ich ihm. Also läßt er mich Wörter aus dem Text definieren. Solange bis eines gefunden ist, das ich nicht korrekt definieren kann. Das also ist das mißverstandene Wort. Mit dem Wörterbuch soll ich es nun klären. Er behält mich weiterhin im Auge. Mir fällt es schwer, mich zu konzentrieren. Immerhin ist es schon nach 21 Uhr.

In den Pausen ist die Kantine voller Leute. Ich habe Verständnisschwierigkeiten, wenn ich mit jemandem ins Gespräch komme. Zum einen ist es das Bayrisch, und dann scheinen sie eine andere Sprache zu sprechen. Jedenfalls verwenden sie jede Menge Fachausdrücke, deren Bedeutung ich nicht kenne. Ab und zu frage ich danach, aber es sind zu viele. Es bleibt mir nur, mich zurückzuziehen oder so zu tun, als würde ich es verstehen. Gut, sehr gut, toll, super scheinen die Lieblingswörter zu sein. Sehr häufig werden sie benutzt.

Am Abend warte ich auf Olaf, denn ich finde mich in München nicht zurecht, auch der Weg zum Quartier ist mir noch nicht vertraut. Er ist dabei, seine „Ethik in Ordnung zu bringen", und gibt zu, die Gewinne, die er nach Kursen angegeben hat, nicht wirklich gehabt zu haben. Später redet er von Planeten und daß es Zeit wird, diesen Planeten zu retten. Einiges habe Scientology diesbezüglich schon erreicht. Er fragt mich, ob mir aufgefallen sei, daß keiner mehr von der Atombombe redet und in dieser Richtung nichts mehr passiert. Dies sei der Verdienst von Scientology.

Wir werden in Leipzig ein großes Zentrum aufbauen, beginnt er zu schwärmen. In nächster Zeit werden wir jede Menge Dianetik-Bücher verkaufen und Mitarbeiter auf Posten schicken. Wir müssen Räume besorgen. In seiner Wohnung ist das nicht mehr tragbar. Wenn wir dann 30 bis 40 Leute sind, können wir auch in Leipzig Kurse halten und so weiter. Mir will er all seine Posten (Aufgaben) übergeben, so daß er sich darauf konzentrieren kann, viele Menschen zu auditieren, und zwar mit dem E-Meter. Wieso hat er auf einmal so große Pläne? Ich höre ihm zu, ohne mich zu äußern. Vor 24 Uhr sind wir selten im Quartier.

Den ganzen Tag verbringt man in der Org und verläßt sie abends nur, um ins Quartier zu fahren.

Ich komme mit dem Kurs gut voran. In der Mittagspause sage ich beiläufig zu Olaf, daß ich mir das Kurs-Pack kaufen werde, denn ich bin mir sicher, daß ich es als Auditor gut verwenden kann. Kaum habe ich das ausgesprochen, geht er mit mir zum Buchladen. Da ist es vorbei mit der Mittagspause. Im Buchladen ist niemand. Er sucht die Bücherliste und empfiehlt mir noch zwei andere Bücher. Ich komme nicht dazu, etwas zu erwidern. Er eilt mit mir ins Erdgeschoß, aber auch da findet er den Preis für das Kurs-Pack nicht. Ich habe nicht vorgehabt, es jetzt zu kaufen, frage aber dennoch, was es in etwa kosten würde. So um die 100 DM hätte er bezahlt. Ich bin geschockt über den Preis. Olaf hat es eilig, denn er muß nach Leipzig zurück. Wir gehen wieder zur Kantine. Auf dem Weg nach oben empfiehlt er mir, daß ich, falls jemand Interesse an einem Buch haben sollte, sofort mit demjenigen zum Buchladen gehen soll. Man bekommt nämlich 15 Prozent vom Verkaufspreis. Er muß gehen und sagt, daß er der Buchverkäuferin einen Zettel auf den Tisch legen wird. Puh, denke ich. Da bin ich noch mal davongekommen. Nur gut, daß es nicht geklappt hat. Kaum habe ich den Gedanken zu Ende gedacht, kommt Anni vom Buchladen auf mich zu. Ein Redeschwall beginnt. Olaf hat ihr einen Zettel auf den Schreibtisch gelegt mit dem Hinweis, ich wolle drei Bücher kaufen (hab ich gar nicht gesagt), und sie bittet mich, mit ihr zu kommen. Ich gehe mit. Sie sucht die Preise raus und beginnt, eine Quittung zu schreiben. Ich frage nach dem Preis. Das Kurs-Pack mit den Kassetten kostet 210 DM und die beiden Bücher jeweils 35 DM. Zusammen sind das 280 DM.

Schock! Ich mache ihr klar, daß das nicht geht und ich soviel Geld einfach nicht übrig habe. Sie redet und redet, als ob sie mich nicht hören würde. Olaf hat ihr aufgeschrieben, welche Bücher zu verkaufen sind. Es sind sehr wichtige Bücher, die mir helfen werden, versichert sie. Das mag schon sein, erwidere ich, aber ich habe das Geld nicht, und außerdem habe Olaf gesagt, daß das Pack um die 100 DM kosten würde. Sie redet und redet. Verzweifelt beginne ich in meinem Portemonnaie zu kramen. Ich zähle das Geld. Sie bringt mich dazu, dieses

Pack für 210 DM zu kaufen. Die Mittagspause ist vorbei, und weiter geht es mit Studieren.

Am Mittwoch, dem 12. August, gegen 14 Uhr, schließe ich den Auditorenkurs ab. Ich auditiere mehrmals eine Polin, das Kindermädchen von Mines Kindern, und ein 12jähriges Mädchen. Zum Kursabschluß gehört, daß man sich an das E-Meter setzt und die Dosen in die Hände nimmt. Das E-Meter ist ja für die Scientologen ein wertvolles elektronisches Instrument, um den geistigen Zustand von Individuen und dessen Veränderung zu messen. Während ich die Dosen in die Hände nehme, werden Fragen gestellt wie: Bist du mit dem erzielten Wissen zufrieden? Wirst du das Wissen anwenden und an andere weitergeben? Bist du mit dem Kursabschluß einverstanden? Hast du Gewinne?

Wenn während der Antwort die Nadel schwebt, ist alles okay. Selbst sieht man nicht, ob die Nadel schwebt, denn zwischen mir und der Person, die die Fragen stellt, befindet sich eine Art Holzpult. Auch wenn ich die Fragen halbherzig und unsicher bejaht habe, wurde mir gesagt, daß die Nadel schwebe. Man gratuliert mir zum Kursabschluß und fordert mich auf, einen Erfolgsbericht zu schreiben.

Anschließend werden alle Formalitäten für den nächsten Kurs erledigt. Man bringt mich in einen anderen, größeren Kursraum, in die Akademie. Es folgt der Kurs: „Testauswerter Mini Hut". Dieser soll mich befähigen, die Persönlichkeitstests auszuwerten. Dafür muß ich eine große Menge von Richtlinien des L. Ron Hubbard durcharbeiten und den Ablauf der Auswertung auswendig lernen. Schwierigkeiten habe ich mit den recht aggressiven Einschätzungen der Testpersonen, wenn ich ihnen beispielsweise sagen muß: „Sie sind eine ausgesprochen kritische Person. Sie schlagen mündlich oder mental auf ihre Umgebung ein und machen sich selbst zu einer Person, in deren Gegenwart sich aufzuhalten beinahe unmöglich ist ..." Oder: „Sie sind selbstmordgefährdet." Diesen Kurs schließe ich am Samstagvormittag ab, nachdem ich noch einige Prüfungsfragen beantworten mußte. Bei dem Kurs hatte ich stets ein ungutes Gefühl, besonders als ich den Auswertungstext auswendig lernen mußte. Und als ich ihn einem Testauswerter aufsagen mußte. Da ist immer wieder der Satz: „Mit Scientology können Sie das ändern."

Am Sonntag will ich nach Hause fahren. Am Samstag beginne ich gegen Mittag, also gleich, nachdem der vorherige Kurs abgeschlossen ist, einen neuen Kurs. Wieder sind dafür Formalitäten zu erledigen. Diesmal habe ich auch einen Zettel, mit dem ich zum Buchladen gehen muß. Ich soll das Buch für den Kurs kaufen. Da ist wieder diese Anni.

Gerade hat man mich „bearbeitet", daß ich länger in München bleibe, damit ich den Kurs auch abschließen kann. Ich weigere mich, denn ich will endlich nach Hause. Zudem habe ich zu Hause versprochen, daß ich am Sonntag zurück bin. Sie reden und reden auf mich ein. Schließlich gebe ich ein Telegramm per Telefon auf, daß ich erst am Dienstag oder Mittwoch komme. Da ich so gut wie kein Geld mehr habe, kümmert man sich auch darum. Es findet sich jemand, der mir Geld borgt. Mir ist das unangenehm, aber ich sehe ein, daß es besser ist, den Kurs abzuschließen. So brauche ich auch nicht gleich wieder nach München.

Ich bin im Buchladen, und Anni macht mir klar, daß ich das Buch für den Kurs kaufen muß. Ich habe kein Geld mehr, gebe ich ihr zu verstehen. Sie redet weiter auf mich ein, daß es besser sei, ein eigenes Buch zu haben. Das mag schon sein, erwidere ich, aber ich habe kein Geld mehr. Ich gehe. Sie kommt hinterher und ruft mir nach. Ich bleibe stehen. Sie fragt, ob ich auf dem Konto noch Geld habe. Verdutzt über die Frage, schaue ich sie an. Ja, auf dem Konto habe ich noch Geld, aber wieso? Sie macht den Vorschlag, daß ich ihr eine Überweisung unterschreiben könnte. Da ich endlich mit dem Kurs beginnen will, um ihn möglichst schnell abschließen zu können, bin ich einverstanden. Ja, und da wäre noch das Fachwortverzeichnis, was ich unbedingt brauche, denn das liegt nur sehr begrenzt im Kursraum aus. Auch das nehme ich. Das Buch „Grundlegender Studierleitfaden" kostet 50 DM und das „Fachwortverzeichnis" 45 DM. Ich unterschreibe und gehe in den Kursraum. Ich studiere, wie man studiert. Alles dreht sich um mißverstandene Wörter. Neun Methoden gibt es, sie zu klären. Dann gibt es noch den zu steilen Gradienten (wenn eine Stufe übersprungen wird) und das Fehlen von Masse (wenn es an Bildern und Vorstellungen fehlt). Stundenlang bringe ich an einer Knetdemo zu, weil die Kursüberwacherin nicht ihr Okay gibt, sie nicht sehen will, was ich versuche, mittels Knete darzustellen.

Ab Montag versuche ich über die Mitfahrzentrale eine Mitfahrgelegenheit nach Leipzig zu bekommen. Am Dienstagabend will ich fahren, aber vergeblich. Schließlich nennt man mir eine Fahrt am Mittwoch früh 5 Uhr nach Dresden. Ich sage zu, so bin ich schon mal in der Nähe von Leipzig, und vielleicht kann ich den Fahrer auch überreden, über Leipzig zu fahren. Am Dienstag, nach 22 Uhr, schließe ich den Kurs ab. Danach gibt es noch einige Rennereien. Hier und da muß ich mich melden. Es lohnt sich nicht, noch mal ins Quartier zu fahren. Die Sachen habe ich mit. Ich gehe zu Ralf an die Rezeption runter. Wir wechseln ein paar Worte. Er sagt, daß er Nachtschicht habe, und wenn ich Lust hätte, könne ich mit ihm nachher einen Film anschauen. Ich sage dankend zu. So vergeht wenigstens die Zeit. Wir unterhalten uns. Er drückt seine Verärgerung aus, daß er hier an der Rezeption festsitzt. Er hat einen 5-Jahres-Vertrag unterschrieben. Und irgendwie hat man ihn übers Ohr gehauen. Er würde lieber etwas anderes machen. Ich frage ihn, warum das nicht gehe. Er müßte erst jemanden für die Rezeption finden. Nachdem das Haus ziemlich leer ist, legt er eine Videokassette ein, und zwar „Terminator 2" mit Arnold Schwarzenegger. Er ist auch ein Scientologe, sagt Ralf. Es kommen zwei weitere Leute, die sich den Film anschauen. Gegen 2.30 Uhr ist er zu Ende. Ralf legt sich schlafen. Diese Nacht verbringe ich in der Org, aber ohne zu schlafen, denn ich will die Mitfahrgelegenheit nicht verpassen. Ich gehe nach oben, Kaffee trinken. Einige Mitarbeiter sind noch im Haus. Von der gespielten Freundlichkeit jedoch ist nichts mehr zu spüren. Gegen 4.30 Uhr verlasse ich das Haus, um zum Treffpunkt zu fahren.

Übernächtigt steige ich gegen 5.30 Uhr in den BMW. Mit dem Fahrer ist kein Gespräch möglich. Erschöpft schlafe ich ein, aber nicht tief. Ich kann ihn nicht dazu bewegen, in die Nähe von Leipzig zu fahren. Ihm ist alles zu viel. Er bietet mir an, mich nach Gera zu bringen, so daß ich von dort aus mit dem Zug nach Leipzig fahren kann, aber ich habe kein Geld für eine Fahrkarte. Also lasse ich mich am Hermsdorfer Kreuz absetzen, um von da aus per Anhalter nach Leipzig zu kommen. Fast zwei Stunden stehe ich dort. Ich bin völlig k.o. Es warten mehrere Tramper, und zwar schon länger als ich. Mir ist, als würde ich nie wegkommen. Ich erinnere mich an Olafs Worte. Daran, sich die Absicht hinzustellen und festzulegen. Ich lege also fest, in der nächsten halben Stunde wegzukommen. Es wird jemand auf mich zukommen.

So ist es dann auch. Ein junger Mann geht an den anderen Trampern vorbei, auf mich zu und fragt mich, wohin ich will. Ich sage, nach Leipzig, und er bestätigt, daß er nach Leipzig fährt. Er nimmt mich mit und setzt mich am Hauptbahnhof ab.

Von da aus fahre ich erst mal mit der Straßenbahn nach Hause, esse und trinke was und gehe nach Wahren, auch um mich telefonisch bei Olaf zurückzumelden. Er ist jedoch nicht da, also hinterlasse ich die Nachricht, daß ich morgen gegen 9.30 Uhr kommen werde. Ich mache mich auf den Weg, um Fredericke von meinen Eltern zu holen. Sie macht Theater, will nicht mit. Mir ist alles egal. Ich gehe. Seit etwa 30 Stunden bin ich auf den Beinen. Ich bin wütend. Einige Zeit später kommt Fredericke nach Hause. Wir streiten uns. Sie hat morgen Geburtstag und möchte einen Kuchen mit in die Schule nehmen. Ich habe Hanuta eingekauft, aber sie besteht auf einen Kuchen. Ich bin todmüde. Weder Zutaten noch eine Backform habe ich da. Also fahren wir gegen 20.30 Uhr mit den Rädern nach Stahmeln zu meiner Mutter, um das Fehlende zu holen. Ich backe den Kuchen, mache den Geburtstagstisch fertig und falle nach 23 Uhr fix und fertig ins Bett – nach 41 Stunden Schlaflosigkeit.

Donnerstag, 20. August

Fredericke hat ihren achten Geburtstag. Sie pustet die Kerzen aus und widmet sich ihren Geschenken. Dann geht es los in die Schule, mit dem Kuchen. Sie darf gleich nach der Schule nach Hause kommen. Ich fahre inzwischen zum Dianetik-Zentrum. Olaf und Heike sind da. Und gleich geht's zur Sache. Ich komme gar nicht dazu, etwas zu sagen. Der Stundenplan für die Woche wird gemacht, aber nicht vollständig, er wird immer wieder geändert oder nicht zu Ende geführt. Aufgefordert werde ich, Kindereinrichtungen aufzusuchen, um dort Handspieltiere anzubieten und zu verkaufen. Wie soll ich das alles schaffen? Ich mache darauf aufmerksam, daß ich ab und zu nachmittags zu Hause sein muß, weil die Schule anfängt, und da brauche ich Zeit für Fredericke. Mir kommt es vor, als würde ich mit einer Wand reden. Ich zahle die restlichen 80 DM an Olaf für das Auditing. Heike kommt herein und fragt, wann wir losfahren. Ich frage, wohin? Na, auf den Markt zum Verkaufen. Ich sage, daß das nicht geht. Ich habe Fredericke versprochen, daß ich mittags zurück bin, und außerdem hat sie heute Geburtstag. Man läßt mich spüren, daß das nicht gern gesehen wird. Eigenmächtigkeiten sind nicht zulässig. Die Standgebühr ist bezahlt und die Ware im Auto. Sie brauchen den Platz im Auto, weil sie einkaufen fahren wollen. Also bekomme ich den Kellerschlüssel, um die Ware in den Keller zu räumen.

Heike hat mich und Fredericke zu Miriams Schulanfang am Sonnabend eingeladen. Ich sage, daß ich heute spätestens um 12 Uhr weg muß. Es ist 11.30 Uhr. Also bekomme ich noch die Aufgabe, den Schriftverkehr fertig in die Akten einzusortieren. Olaf und Heike fahren los. Den Wohnungsschlüssel soll ich, wenn ich das Haus verlasse, in den Briefkasten werfen. Sie haben nur noch den einen. Und morgen soll ich um 7.30 Uhr da sein. Ich sortiere fertig ein und fahre nach Hause. Fredericke ist nicht da, nur eine Notiz, daß sie nach Stahmeln gefahren ist. Ich schaue in ihren Ranzen und sehe den Zettel, was für die Schule alles zu besorgen ist. Einkaufen muß ich auch noch. Gerda hat sich mit den Kindern für den Nachmittag angesagt. Fast zwei Stunden bin ich unterwegs. Als ich nach Hause komme, sind Freddy, Gerda und die Kinder schon da. Leider bin ich nicht dazu gekommen, einen Kuchen zu backen. Freddy hat Bauchschmerzen. Gerda geht los, um Gebäck zu kaufen. Inzwischen koche ich Kaffee und Kakao.

Während ich später das Abendbrot mache, spielt Gerda mit den Kindern. Gegen 20 Uhr gehen sie. Es klingelt. Ich gehe mit nach unten, um die Haustür aufzuschließen. Peter, Frederickes Vater, steht vor der Tür, um ihr zum Geburtstag zu gratulieren. Er bleibt eine gute Stunde. Wir unterhalten uns, denn wir haben uns lange nicht gesehen. Fredericke ist aufgedreht. Sie bummelt. Ich werde wütend. Überhaupt bin ich nervlich ziemlich angekratzt. 23 Uhr ist es, als sie endlich zu Bett geht. Ich mache noch etwas Ordnung und lege mich schlafen.

Ich erwache um 6.30 Uhr. Um 7 Uhr müßte ich los, aber wenigstens in Ruhe frühstücken möchte ich. Fredericke muß zur Schule. Sie bummelt. Um 7.20 Uhr verabschiede ich mich von ihr und sage ihr, wann sie losgehen muß.

Ich laufe nach Wahren, um Olaf anzurufen, daß ich später komme. Es dauert eine ganze Weile, ehe er ans Telefon geht, so als würde ich ihn mit dem Klingeln wecken. Ich sage, daß ich jetzt losfahre, und frage, ob ich gleich zum Bayrischen Platz kommen soll, da ich spät dran sei. Ich fahre zum Bayrischen Platz, wo ich kurz nach 8 Uhr ankomme. Olaf ist noch nicht da. Ich warte.

Gegen 8.45 Uhr sehe ich den Trabi. Olaf öffnet die Tür und winkt mich heran; ich soll einsteigen. Ich komme gar nicht zu Wort, kann nicht sagen, daß ich schon fast 45 Minuten warte. Er meint vorwurfsvoll, daß ein anderer Chef stinksauer wäre, weil er „das Verstehen" nicht habe. Er fragt, wo ich den Kellerschlüssel hingelegt habe. Überall habe er danach gesucht, ihn aber nicht gefunden. So konnte er die Ware nicht einpacken. Ich sage, daß ich den Schlüssel auf den Schreibtisch im Schlafzimmer gelegt habe. Er erwidert, daß das nicht sein könne, denn er habe den Schreibtisch aufgeräumt, und da sei kein Schlüssel gewesen. Er wechselt das Thema. Neue Handspieltiere sind gekommen. Wir holen ein riesiges, sperriges Paket von der Post ab.

Als wir bei ihm angekommen sind, gehe ich sofort zum Schreibtisch und er mir hinterher. Tatsächlich liegt der Kellerschlüssel dort. Eine Entschuldigung kommt nicht. Nun darf ich alles wieder vom Keller in das Auto räumen. Miriam hilft mir dabei und fragt mich, was sie für ihre Hilfe bekommen würde. Jede Hilfe bedarf einer Gegenleistung. Nichts ist umsonst. Wir fahren los.

Zuerst muß er die Standgebühr bezahlen. Gegen 11 Uhr sind wir dann auf dem Markt. Wie immer wünscht er mir guten Umsatz und viel Spaß. Ich verkaufe für über 300 DM. Olaf bemerkt spitz, daß dies für den halben Tag ganz gut sei, als er mich um 18 Uhr abholt.

Wir fahren zu ihm. Er macht die Abrechnung und zahlt mich aus. Es ist Freitag. Samstags wird auf dem Flohmarkt verkauft. Er will mit mir verkaufen. Ich bin zu Miriams Schulanfang eingeladen, aber auch mein Neffe Paul hat Schulanfang. Ich bin schon dabei zu gehen,

frage noch, wann ich morgen früh da sein soll. Und wieder beginnt
ein Verwirrspiel. Olaf und Heike „wollen" Sonntag früh nach München fahren. Zunächst war ausgemacht, daß ich mit verkaufe, dann
die Einladung zu Miriams Schulanfangsfeier wahrnehme, die bis
spätestens 18 Uhr geht, und anschließend zu Pauls Fest fahre.
Nun wird mir angeboten, daß ich am Sonntag, wenn die beiden
nach München fahren, auf die Kinder aufpassen könnte. Sie würden
mir 50 DM dafür zahlen. Ich könnte aber auch am Samstag mit Olaf
auf dem Flohmarkt verkaufen und vielleicht 100 DM verdienen. Ich
dürfe mich also entscheiden.
    Ich denke an Pauls Schulanfang und daß ich gern bei der Feierstunde
um 10 Uhr dabei wäre.
    Ich entscheide mich, am Sonntag auf die Kinder aufzupassen. Das
sind immerhin 50 DM. So kann ich am Samstagvormittag zu Pauls
Schulanfang gehen und etwas länger schlafen, denke ich mir. Am
Nachmittag komme ich dann zu Miriams Schulanfang und bleibe
gleich bei den G.s, um am Sonntag die Kinder zu beaufsichtigen. Da
Olaf und Heike erst Sonntag nacht zurückkommen, bringe ich
Freddys Schulzeug mit, so daß wir am Montag von dort aus in die
Schule fahren können. Das ist soweit klar. Ich habe mich entschie-
den. Olaf allerdings wendet ein, ob Pauls Schulanfang so wichtig sei.
Ihm wäre es wohl lieber, daß ich mit ihm verkaufe und auf die Kinder
aufpasse. Ich entgegne, daß ich gern zu Pauls Schulanfang gehe, und
verabschiede mich.
    Es ist schon spät. Fredericke wird bereits auf mich warten. Für sie
bleibt einfach keine Zeit. Sie schaut Fernsehen und hat Hunger. Ich
wechsle ein paar Worte mit ihr und mache warmes Abendbrot. Als
ich damit fertig bin, rufe ich sie zum Essen, aber sie kommt nicht. Sie
will unbedingt einen Film zu Ende sehen. Das macht mich fertig,
und ich raste aus. Daraufhin bekommt sie einen Wutanfall. Die Hausordnung müßte ich noch machen, aber ich verschiebe sie auf morgen.
Freddy hat Karten für Paul und Miriam gemalt und will sie be-
schriften. Mir dauert das alles zu lange. Sie wird wütend. Ich bin verzweifelt, fertig, habe mich einfach nicht unter Kontrolle. Da sind so
viele Widersprüche, Konflikte. Ich bügle und packe die Tasche, lege
mich schlafen.

Um 7 Uhr stehe ich auf, mache die Hausordnung und das Frühstück. Ich stelle die Waschmaschine an und gieße die Blumen. Die Zeit vergeht wie im Flug, obwohl ich doch in Ruhe mit Fredericke frühstücken wollte.

Um 10 Uhr beginnt die Feierstunde zu Pauls Schulanfang. Gerda rechnet nicht mit unserem Erscheinen. Ich möchte sie überraschen. Es ist kurz nach 10 Uhr, als wir in Stahmeln ankommen. Die Feierstunde hat schon angefangen. Wir schleichen uns hinein. Nach einer Weile merke ich, daß Rolli und Gerda direkt vor uns sitzen. Ich tippe sie von hinten an. Sie freuen sich, daß wir da sind. Nach der Feierstunde drückt mich Gerda mehrmals. Wir gehen mit zu ihnen. Bis 15.30 Uhr haben wir ja Zeit. Sie erzählen, daß es erst gegen Abend richtig losgehe, und zählen auf, wer eventuell alles kommt. Ab 14 Uhr schaue ich laufend auf die Uhr. Gegen 14.30 Uhr trinken wir Kaffee. Eigentlich kotzt es mich an, gehen zu müssen. Fredericke hat auch keine Lust. Wir fahren aber los und sind gegen 16 Uhr in der Moschelesstraße. Fredericke klingelt, und Miriam öffnet die Tür. Wir gratulieren ihr zum Schulanfang. Olaf kommt und berichtet mir, daß er über 800 DM Umsatz gemacht habe und das 120 DM für mich gewesen wären. Er bestätigt, daß es wirklich nicht an den Leuten liegt, sondern nur an einem selbst. Nun solle ich aber zu den anderen gehen, er habe noch zu tun. Ich gehe ins Wohnzimmer und begrüße alle Leute. Einige davon sind mir schon vom Freibad bekannt. Es sind Heikes Verwandte. Ich setze mich, esse ein Stück Pflaumenkuchen und trinke eine Tasse Kaffee. An den Gesprächen versuche ich mich zu beteiligen. Heikes Mutter nimmt mich immer wieder in Beschlag. Nach einer Weile werden die Tische abgeräumt und an die Seite gestellt. Es folgen Spiele wie Topfklopfen, mit Musik im Kreis um die Stühle „rennen" und sich bei Musikstop auf einen der Stühle setzen, wobei ein Stuhl fehlt und demzufolge derjenige, der keinen Stuhl findet, ausscheidet, mit verbundenen Augen durch Abtasten Personen erraten und so weiter. Auch Olaf, der bis dahin verschwunden war, nimmt an den Spielen teil. Er gibt sich erhaben und arrogant, beobachtet das Geschehen, als würde er nicht dazugehören, und das, obwohl er teilnimmt. Nach etwa zwei Stunden sind die Spiele beendet.

Die Tische werden wieder aufgestellt. Bowle und Knabberei werden angeboten. Heike und noch drei Leute sind in der Küche, um eine Pizza vorzubereiten. Mehr oder weniger stehe ich rum, möchte am liebsten gehen. Da kommt Olaf und meint, daß ich mit ihm kommen soll. Wir machen die Geldübung, weil er eine größere Menge Geld da hat. Er gibt mir das Buch, so daß ich mir die Übung nochmals durchlesen kann. Während ich lese, führt er die Übung aus. Ich sage okay. Er bittet mich, das Geld zu zählen. Ich zähle es und sage, daß es 1.400 DM sind. Er entgegnet, daß das nicht stimme, und ich soll es nochmals zählen. Es sind 1.400 DM. Er zählt die Scheine. Einmal, zweimal, und meint: Das kann nicht sein! Er habe die Übung soeben mit 1.500 DM gemacht. Wir beginnen nach den fehlenden 100 DM zu suchen. Das alles kommt mir fatal vor. Es gibt so viele Möglich-keiten, wo dieser Schein hätte hinrutschen können. Nach einer Weile sagt Olaf, ich solle die Übung weitermachen und er suche inzwischen weiter.

Ich nehme die Scheine, werfe sie im Zimmer umher, hebe sie auf, werfe sie, hebe sie wieder auf und so weiter. So recht kann ich mich jedoch nicht konzentrieren. Waren es vorher wirklich 1.500 DM? Be-steht der Verdacht, daß ich die 100 DM genommen habe? Mir ist das alles unheimlich. Nach einer Weile holt Olaf Heike in das Zimmer und erzählt ihr den Vorgang. Sie ist entsetzt, sucht mit, und gereizt sagt sie: Und das, wo wir kein Geld haben! Jedoch erklärt sie, sie habe jetzt keine Nerven dafür und sie müsse sich um die Pizza kümmern. Olaf schaut in dem Buch nach, und da steht geschrieben, daß bei dieser Übung mit Überraschungen zu rechnen ist, „Phänomene" können auftreten. Mich beruhigt das nicht, denn mir ist, als würden sie mich verdächtigen. Immerhin wäre das in etwa der Betrag ge-wesen, den ich heute hätte verdienen können. Sauer kommt Heike nochmals ins Zimmer und erkundigt sich nach einem Ergebnis. Es gibt keines. Überhaupt wirkt Heike recht niedergeschlagen. Die Übung wird abgebrochen. Olaf geht duschen, Heike läuft mißgelaunt herum. Die Pizza ist fertig. Es wird gegessen. Die Pizza schmeckt super, aber Heike ist mit Vorsicht zu „genießen".

Einige Leute sind schon gegangen. Olaf gibt mir seine Anweisungen für den morgigen Tag. Ich soll einige Leute anrufen, die das Dianetik-Buch gekauft haben. Er übergibt mir die Telefonkartei. Über die

Anrufe soll ich Notizen machen. Dafür gibt es Formulare. Sollte jemand von der Presse kommen, darf ich keinerlei Auskünfte geben. Auf dem Schlüsselbrett an der Wohnungstür liegt ein Zettel mit einer Adresse, wo sich Presseleute hinwenden können. Nochmals betont er, daß wir keinerlei Auskünfte erteilen. Zu Heike sagt er, daß er mir all seine „Hüte", seine Posten, übergeben habe und er jetzt ins Bett gehe.

Die anderen sind dabei, die Stühle in den Keller zu räumen und etwas Ordnung zu machen.

Heikes Mutter sagt zu mir, daß sie seit heute früh um 7 Uhr „gewirbelt" haben und daß ich davon nichts wüßte. Es klingt wie ein Vorwurf. Außerdem fragt sie, ob mir klar sei, was mir bevorsteht, wenn ich morgen die Kinder beaufsichtige. Sie kenne das und sei danach jedesmal fix und fertig. Jedenfalls wird sie sich morgen nicht hier sehen lassen, da sonst die Kinder „verrückt" spielten, sie kenne die Kinder. Ich würde schon sehen, wie das ist, beendet sie ihre Ausführungen.

Heike sitzt völlig erschöpft im Wohnzimmer. Ich setze mich zu ihr, um auf ihre Instruktionen für den nächsten Tag zu warten. Da von ihrer Seite nichts kommt, frage ich danach, erhalte aber keine Antwort. Also bitte ich sie, mir zumindest das Papier mit den Verhaltensanweisungen hinzulegen.

Heikes Mutter und zwei Tanten sind noch da. In ihrem Beisein erwähnt Heike den Vorfall mit den 100 DM und stellt fest, daß drei Leute blitzartig gegangen seien. Heikes Mutter ermahnt sie, daß sie mit solchen Äußerungen und Beschuldigungen vorsichtig sein soll, schaut gleich darauf zu mir und meint, daß ich es zugeben sollte, die 100 DM genommen zu haben. Ich entgegne, daß ich die 100 DM nicht habe. Und wenn ich sie genommen hätte, würde ich unter großer Verfolgungsangst stehen und könnte nicht so gelassen hier sitzen. Kurz darauf verlassen alle das Zimmer. Ich lege mich hin, um zu schlafen.

Gegen 7 Uhr erwache ich. Es ist schon hell, aber ruhig. Ich schlafe noch einmal ein und stehe gegen 8 Uhr auf. Die Kinder scheinen noch immer zu schlafen, denn es ist nichts zu hören. Ich gehe in die Küche und finde einen Zettel von Heike, auf dem geschrieben steht, daß ich bitte mit Miriam die Wäsche auf den Boden hängen und den Geschirrspüler ausräumen soll. Das Mittagessen stehe im Herd, brauche nur aufgewärmt zu werden, und sie wünsche viel Spaß mit den Kindern. Miriam weiß Bescheid. Ich suche nach Heikes Informationsblatt, aber vergeblich. Die Kleinen bekommen ein besonderes Getränk aus Gerstensaft, Milch und Ursüße, aber ich kenne die Zubereitung nicht. Ich habe Angst, etwas falsch zu machen, versuche jedoch, ganz ruhig zu bleiben.

Es ärgert mich, daß Olaf und Heike nach München fahren und mich ohne Einweisung den Kindern überlassen. Es nervt mich, ständig Miriam fragen zu müssen. Sie ist sechs Jahre und doch ein Kind. Bastian ist gerade ein Jahr und Markus zwei Jahre.

Zunächst windle ich die Kleinen. Fredericke unterstützt mich ganz toll dabei. Markus sucht nach seiner Mutter. Und nach der Oma ruft er. Ich bin ihm zu fremd, und er weicht mir aus. Ich lasse ihn, mache Frühstück. Die Eßgewohnheiten der Kinder kenne ich nicht. Irgendwie werde ich den Tag schon über die Runden bringen.

Ich rufe in München an und hinterlasse die Nachricht, daß mich Heike gleich nach ihrer Ankunft anrufen soll.

Zwischendurch ruft Gabi B. an, wohl um mich zu kontrollieren. Sie ist in München für die Außenstellen der Scientology verantwortlich und mir sehr unsympathisch. Später ruft Heike an, und ich frage sie nach dem Informationsblatt und wie der Geschirrspüler funktioniert. Daraufhin finde ich das Papier. Ich mache etwas Ordnung in der Wohnung und gehe mit den Kindern auf den Boden, um die Wäsche aufzuhängen. Vorher kommt es zwischen Miriam und Fredericke zum Streit. Freddy will fort. Sie nimmt ihren Ranzen und will das Haus verlassen. Sie fordert mich auf, mit ihr zu kommen, aber ich kann nicht weg. Wieder bekommt sie einen Wutanfall. Das Theater dauert fast eine Stunde.

Ich spiele mit den Kindern und freunde mich dabei mit Markus an.

Ich mache das Mittagessen warm, und wir essen.

Bastian ist müde. Wir windeln ihn und legen ihn schlafen und kurz darauf auch Markus. Beide Kinder finden nicht so recht zur Ruhe. In den Kinderzimmern riecht es unangenehm, besonders in Miriams Zimmer. Sie ist Bettnässerin. Auch sieht das Zimmer wüst aus, nachdem die Kinder gespielt haben. Die Wohnung ist riesig und mir unbehaglich. Es ist nach 16 Uhr, und ich beschließe, mit den Kindern spazierenzugehen, erst mal raus aus der Wohnung. Ich ziehe Bastian und Markus an. Die Schränke sind voll mit Sachen, und doch lasse ich mich von Miriam beraten, was wir den Kleinen anziehen. Sie scheint nicht richtig bei der Sache zu sein. Auch redet sie bereits wie ihre Eltern. Zum Beispiel, daß sie ihren Zyklus erst abschließen muß. Sie wirkt verängstigt. Wir gehen zum Spielplatz in den Clara-Zetkin-Park und sind fast drei Stunden unterwegs. Nach 19 Uhr sind wir wieder zurück. Ein Zettel steckt in der Tür. Es geht darum, daß der Boden voller Wäsche hängt und Frau L. (sie wohnt über G.s) keinen Platz hat, ihre Wäsche aufzuhängen, und noch eine Bemerkung, daß der Boden allen gehört.

Demzufolge gehört all die Wäsche auf dem Boden den G.s. Und er ist wirklich voll. Als ich die Wäsche am Vormittag aufgehängt habe, fand ich kaum Platz. Also gehe ich auf den Boden, um die trockenen Sachen abzunehmen.

Dann mache ich Abendbrot, denn für die Kinder ist es Zeit, ins Bett zu gehen. Nach 20 Uhr ist es, als das Telefon klingelt. Es sind Heike und Olaf. Als zu hören ist, daß die Kinder noch wach sind, fällt diesbezüglich eine vorwurfsvolle Bemerkung. Ich sage, daß wir spazieren waren und erst vor kurzem zurückgekommen sind. Das ist gut, toll, höre ich. Olaf fragt, ob ich schon Leute aus der Kartei angerufen habe. Ich antworte mit Nein, da ich bisher keine Zeit hatte. Wenn die Kinder im Bett sind, soll ich telefonieren, weist er an. Sie teilen mir mit, daß sie jetzt losfahren und klingeln müssen, wenn sie kommen, da sie keinen Schlüssel haben.

Die Kinder sind im Bett, und ich räume noch etwas auf. Um diese Zeit rufe ich niemanden mehr an. Ich lese ein wenig und lege mich schlafen.

Ein Klingeln weckt mich, und ich taumele zur Tür. Es sind Olaf und Heike. Ich öffne die Tür, und sie begrüßen mich mit einem

Plüschhahn, der den Guten-Morgen-Gruß von sich gibt. Es ist 4 Uhr, und ich hoffe, sofort weiterschlafen zu können, aber das geht nicht. In einem Redeschwall sprechen sie von Dingen, die ich zu verstehen nicht in der Lage bin, denn ich bin gar nicht richtig da. Olaf fragt, ob ich noch Leute aus der Kartei angerufen habe. Nein, sage ich, es war mir zu spät. Er sagt, es gebe allerhand Neuigkeiten, die er mir aber morgen erklären werde. Irgendwann schlafe ich wieder ein.

Montag, 24. August

Ein „genehmigter" freier Tag! Kurz vor 7 Uhr verlasse ich mit Fredericke dieses Haus. Fredericke muß zur Schule, und am Nachmittag ist die nachgeholte Kindergeburtstagsfeier.

Wir sind uns einig, daß Fredericke die eine Haltestelle zur Schule allein fahren wird. Wir verabschieden uns in der Straßenbahn. Plötzlich steigt sie mit mir aus und verlangt, daß ich sie zur Schule bringe. Die Straßenbahn fährt ab. Ich begreife nicht, was das soll. Ich weigere mich, sie zur Schule zu begleiten, und mache sie darauf aufmerksam, daß sie nun zu Fuß gehen muß und es höchste Zeit ist, da die Schule gleich beginnt. Sie macht Theater und folgt mir nach Hause. Wütend stampft sie auf den Boden und fordert, daß ich sie bringen muß! Betont gebe ich ihr zu verstehen, daß ich sie nicht bringen werde, weil wir uns einig gewesen waren. Sie geht dann doch allein los. Ich frühstücke erst mal und gehe einkaufen, denn ich habe fast nichts im Haus. Ich gehe zu „Norma" und treffe dort Gerda. Während des Einkaufens schwatzen wir etwas.

Zu Hause angekommen, backe ich einen Kuchen, bringe die Wohnung auf Vordermann, bereite das Abendbrot vor, so daß ich dann Zeit für die Kinder habe. Ich komme nicht zur Ruhe. Verspätet kommt Fredericke aus der Schule. Es ist noch etwa eine Stunde bis zur Geburtstagsfeier. Freddy will nochmals weg. Ich erlaube ihr nicht zu gehen, aber sie geht. Gegen 15 Uhr wird Jana gebracht. Freddy ist noch nicht da. Das ärgert mich. Eine Weile später kommt sie. Dann wird Romy gebracht. Wir trinken „Kaffee". Das Wohnzimmer habe ich ausgeschmückt. Ich mache Spiele mit den Kindern. Fredericke fängt an zu provozieren, weil nicht alles nach ihrem Kopf geht. Es klingelt, und Oma und Opa kommen. Ich koche Kaffee. Freddy klebt Oma auf dem Schoß. Sie will mit Oma zum Einkaufen gehen. Ich mache ihr klar, daß das nicht geht, weil sie Gäste hat. Die Situation spitzt sich zu. Freddy wird den anderen Kindern gegenüber aggressiv, weil sie nicht machen, was sie sagt. Es klingelt, und Gerda kommt. Romy und Jana wollen draußen spielen gehen. Freddy hält sie zurück. Ich schreite ein. Freddy stellt sich stur und versperrt Jana und Romy die Tür. Sie schreit, daß sie zu bestimmen hat, was gemacht wird, denn es ist ihre Geburtstagsfeier. Ich lasse Jana und Romy raus. Freddy rennt hinterher und tobt. Wütend kommt sie wieder hoch und nimmt die Beutel der beiden und schreit, daß sie sie nach Hause schickt. Ich mache ihr klar, versuche ihr klarzumachen, daß sie so nicht mit ihren Freunden umspringen kann. Jana und Romy werden gegen 19 Uhr abgeholt, und ich trage die Verantwortung. Fredericke interessiert das nicht. Sie will, daß die beiden gehen. Ich renne ihr hinterher. Die Hausbewohner sind schon aufmerksam geworden, denn die Türen knallen.

Ich gehe, um Jana und Romy nach oben zu holen. Freddy verschließt vor uns die Tür und sperrt uns damit aus. Gerda öffnet, während Freddy dagegen hält. Sie schreit, wir seien alle blöde. Meine Eltern sitzen da und reagieren gar nicht. In der Wohnung geht das Theater weiter. Fredericke provoziert massiv. Ich bin fix und fertig, versuche mit Romy und Jana Spiele zu machen, aber Freddy kämpft dagegen an. Als etwas Ruhe eingetreten ist, stehen meine Eltern auf, um sich zu verabschieden. Zwischen Freddy und Oma kommt es wieder zu diesem hochgespielten Abschiedszeremoniell. Ich frage mich, was das alles soll. Eindeutig bin ich wieder die „Böse". Mir ist, als würde alles gegen mich arbeiten.

Die Kinder gehen nach draußen spielen. Gerda verabschiedet sich. Ich mache das Abendbrot und rufe die Kinder nach oben. Sie sind friedlich, aber überdreht. Jana und Romy werden abgeholt. Ich räume auf, bin mit den Nerven völlig runter. Für Fredericke scheint das alles erledigt zu sein. Merkt sie nicht, wie sie andere verletzt und provoziert? Ich fühle mich dem nicht gewachsen. Soll ich ihr jeden Willen lassen, nur damit ich meine Ruhe habe? So richtig weiß sie gar nicht, was sie will.

Ich schneide ihr anschließend die Haare, denn wir haben keine

Zeit, zum Friseur zu gehen. Sie schaut in den Spiegel und beginnt wütend zu werden, rennt in ihr Zimmer und knallt sich aufs Bett. Ich bekomme nicht zu hören, was nun ist. Ich bin am Ende.

Dienstag, 25. August

Ich wecke Fredericke, und gleich beginnt das Theater wieder. Sie hat mit ihren Haaren zu tun und ist trotzig. Ich bin hilflos, wie erschlagen. Nach ewigem Drängen sagt sie dann, daß sie die Haare kurz über die Ohren haben will. Beide müssen wir los. Ich mache ihr den Vorschlag, die Haare trotzdem noch zu schneiden. Da sie demzufolge später zur Schule geht, schreibe ich ihr eine Entschuldigung. Natürlich komme auch ich zu spät.

Um 8.30 Uhr soll ich da sein, bin aber erst gegen 9.30 Uhr da. Ein Zettel klebt an der Wohnungstür, daß ich inzwischen 500 Flyers verteilen soll, da sie bis etwa 10 Uhr unterwegs sind. Ich nehme den Beutel mit den Flyers und laufe los. Ich gehe die Straße entlang, und es hupt. Es sind Olaf und Heike, die mich zurückwinken. Ich gehe mit nach oben. Es sieht wüst aus. Heike gibt mir verdeckt zu verstehen, daß am Sonntag nicht alles so gelaufen sei, wie sie es sich vorgestellt hat, besonders was Miriam betrifft, und sie müsse mich das nächste Mal besser einweisen.

Ich komme nicht dazu, etwas zu sagen. Heike erkundigt sich nach der Geburtstagsfeier, und ich sage nur, daß es ein Reinfall war und Fredericke verrückt gespielt hat, weil es nicht nach ihrem Kopf ging. Olaf fragt mich, wann ich da war. Ich sage, kurz bevor sie gekommen sind. Er gibt mir zu verstehen, daß das so nicht gehe. Um 8.30 Uhr sollte ich da sein. Auch sei es nicht okay, daß ich nicht mit dem Fahrrad gekommen bin. Er gibt mir was zum Lesen, fragt mich anschließend nach einigen Definitionen und Beispielsätzen. Die Definitionen sind nicht korrekt, und überhaupt dauern ihm meine Überlegungen zu lange. Ich sage nichts, will auch gar nicht. Mich nervt das alles. Er weist an, daß ich heute 4.000 Flyers in Grünau verteilen werde und dafür Heikes Fahrrad nehmen kann. Den Stundenplan will er gleich noch mit mir machen. Also heute 4.000 Flyers verteilen, Mittwoch bis Sonnabend Verkauf.

Verzweifelt sage ich, daß mir das nicht möglich ist. Ich kann Freddy nicht dauernd weggeben. Ich fange an zu heulen, denn ich bin mit den Nerven völlig runter. Während ich heule, fragt er mich aus, obwohl man doch, wenn jemand weint, nichts sagen darf, weil man da nicht bei vollem Bewußtsein ist. Ich bin fertig. Es geht nicht, daß ich den ganzen Tag unterwegs bin, ich komme mit Fredericke nicht mehr klar. Seit ich aus München zurück bin, ist es besonders schlimm. Bestimmt, weil sie so lange bei meinen Eltern war, wo sie machen kann, was sie will. Sofort wird mir klargemacht, daß meine Eltern PTS, potential trouble source, also „unterdrückerische Personen" (gegen Scientology eingestellt), sind, wogegen man was unternehmen müsse. Dieser Umgang sei gefährlich. Seine Erkenntnis sei, daß ich sofort nach München muß. So könne er mich nichts machen lassen, geschweige denn mich auf den Markt stellen. Er erkundigt sich nach meinen Finanzen. Ich sage, daß es mies aussehe, ich aber vorhabe, meinen Bausparvertrag zu kündigen. Dafür bekomme ich etwa 800 DM ausgezahlt. Sofort wird alles abgeblasen. Gleich soll ich zur Bausparkasse gehen, um das zu erledigen. Am Nachmittag soll ich dann mit Fredericke herkommen. Ich sage, daß ich den Bausparvertrag nur schriftlich kündigen kann, da die Bausparkasse nicht in Leipzig ist. Olaf schaut auf die Uhr und sagt, daß wir es dann anders machen werden. Ich soll doch nach Grünau fahren und bis 14 Uhr 2.000 Flyers verteilen, anschließend Freddy abholen und mit ihr herkommen. Er wird sich mit ihr unterhalten. Und wegen der Finanzen müßte ich noch ein paar Tage verkaufen, um Geld für München zu haben. All dem kann ich nicht mehr folgen und fange wieder an zu weinen. Olaf, Heike, Markus und Bastian sind im Zimmer. Ich kann nicht mehr. Olaf geht mit mir nach draußen, um mir 2.000 Flyers in die Tasche zu packen und mir auf dem Stadtplan zu zeigen, wie ich fahren muß. Aus meiner Wohnung müßte ich auch ziehen, da sie zu nah bei meinen Eltern ist. Das beste wäre, wenn ich in die Innenstadt zöge, um mich diesen Einflüssen zu entziehen. Damit bin ich nicht einverstanden, denn immerhin habe ich für die jetzige Wohnung fast 3.000 DM bezahlt und bin froh, sie zu haben. Das sei alles kein Problem, meint er, da mir die Vermieter das Geld zahlen müßten. Er holt das Fahrrad aus dem Keller und sagt, daß ungewöhnliche Dinge passieren können, da bei mir der reaktive Verstand eingeschaltet sei. Wenn ich da aber jetzt durchgehen würde, käme das nie wieder.

In meiner Verzweiflung nehme ich das Fahrrad und fahre los. Unerträglich lange komme ich nicht über die Straße, dann verirre ich mich, gelange einfach nicht in die Lütznerstraße. Das ist wohl der reaktive Verstand. Ich hab das alles so satt. Ich kann und will nicht mehr. Nach etwa zwei Stunden erreiche ich Grünau. Mir tut alles weh. Ich stelle das Fahrrad ab und schleppe mich zu den Briefkästen. Der Flyerstapel nimmt nicht ab. Ich verliere die Orientierung, weiß nicht, in welchen Häusern ich schon war. Ich setze mich auf eine Bank. Mir geht es schlecht. Es ist schon 15 Uhr. Ich muß zurück. Ich nehme einen Stapel Flyers, stecke sie in eine Plastiktüte und werfe die Tüte in einen Papiercontainer, um mir nicht wieder diese versteckten Vorwürfe anhören zu müssen. Ich hole das Fahrrad und fahre zurück. Es ist schon fast 16 Uhr, als ich in der Moschelesstraße klingle. Olaf öffnet und fragt, wo Freddy ist. Ich sage, daß ich aus Grünau komme und sie jetzt holen werde. Kurz erkundigt er sich, wie es war, schaut in die Tasche und äußert, daß das doch ganz gut sei.

Mit der Straßenbahn fahre ich nach Hause. Fredericke ist nicht da, nur ein Zettel, daß sie bei Romy ist. Auf die Schnelle trinke ich eine Tasse Kaffee, gehe in den Keller, um das Hinterrad von Frederickes Fahrrad auszubauen. Es hat einen Plattfuß, und ich soll es mitbringen. Ich hole Fredericke von Romy ab und fahre mit ihr in die Moschelesstraße. Ich bin völlig erschöpft. Gegen 18 Uhr sind wir dort.

Mir gibt Olaf etwas über unterdrückerische Personen zu lesen und geht, um sich mit Fredericke zu unterhalten. Nach einer ganzen Weile kommt er zurück und sagt, daß er nicht sehen kann, daß meine Eltern unterdrückerische Personen seien. Er ist der Auffassung, daß ich die unterdrückerische Person bin. Ich solle ruhig weiterstudieren.

Im Fachwortverzeichnis der Scientology steht unter „unterdrückerische Person" unter anderem geschrieben:

„1. Sie löst ein gegenwärtiges Problem, das in den meisten Fällen in den vielen letzten Billionen Jahren gar nicht wirklich existiert hat, und doch unternimmt sie in der Gegenwart die Aktionen, die dieses Problem lösen. Sie sitzt in der Gegenwart absolut fest, das ist die ganze Anatomie der Psychose.

2. Eine Person, die nur Abwärtsspiralen belohnt und niemals eine Aufwärtsspirale belohnt. Sie verpatzt oder verleumdet jede Bemühung, irgend jemandem zu helfen, und kämpft mit besonderer Wut und Tücke gegen alles, was dazu bestimmt ist, menschliche Wesen mächtiger und intelligenter zu machen. Ein Unterdrücker wird automatisch und auf der Stelle jede Verbesserungsunternehmung in etwas Böses oder Schlechtes verdrehen. (...)

4. Diejenigen, die destruktiv, antisozial sind" und so weiter.

Ich gehöre also laut Olafs Auffassung zu diesen Personen. Auf einmal soll ich doch aufhören zu lesen und nach Hause fahren. Morgen soll ich um 7.30 Uhr da sein, und zwar mit dem Fahrrad. Fredericke soll nach der Schule allein mit der Straßenbahn hierherkommen. Olaf versucht, ihr das einzureden. Mir ist nicht wohl bei dem Gedanken. Es gebe keine bösen Leute, wie es in der Zeitung steht. Erstaunlicherweise willigt Fredericke ein, nachdem Olaf eine ganze Weile zu ihr gesprochen hat.

Und ich soll morgen um 19 Uhr einen älteren Mann auditieren, einen Mann, der sich davon allerhand verspricht. Da es spät werden kann, können wir hier übernachten. Ich bin schon am Gehen, als Olaf mich nochmals hereinbittet. Er teilt mir mit, Freddy habe sich beschwert, daß ich zu selten mit ihr spiele. Dem ist wahrlich so, wann auch finde ich die Zeit dazu? Diesen Gedanken behalte ich für mich.

Fredericke sagt mir, daß sie nicht allein mit der Straßenbahn hierherfahren wird. Das beruhigt mich, denn immerhin müßte sie am Hauptbahnhof umsteigen. Wir sagen es Olaf. Er akzeptiert das und sagt, daß er sie dann mit dem Auto von der Schule abholen wird.

Wir fahren nach Hause.

Mittwoch, 26. August

Ich stehe zeitig auf, denn ich will pünktlich sein. Ich wecke Fredericke und verlasse um 7 Uhr das Haus, mit dem Fahrrad. Nachdem ich eine Weile gefahren bin, ist plötzlich der Weg zu Ende. Ich fahre ein Stück zurück, dann über eine Brücke und stelle fest, daß ich mich verfahren habe. Ich bin irgendwo in Leutzsch. Irgendwann komme ich auf die Lütznerstraße. Als ich fast in Grünau bin, merke ich, daß das die verkehrte Richtung ist. Ich fahre zurück, und es ist fast 9 Uhr, als ich in der Moschelesstraße bin. Heike öffnet die Tür und richtet mir aus, daß ich weiterstudieren soll. Nach einer Weile klingelt das Telefon. Olaf ist dran und teilt mir mit, daß ich zum Bayrischen Platz kommen soll. Mit der Straßenbahn fahre ich hin. Ich sage, daß ich um 7 Uhr von zu Hause mit dem Fahrrad losgefahren bin und mich dann verfahren habe. Er unterhält sich mit einem Mann. Dann muß er los. Ich gebe ihm noch die Vollmacht, daß er Frederike abholen darf. Am Nachmittag schaut er nach mir. Habe bis dahin fast nichts verkauft. Ihm ist das verständlich, weil ich doch eine unterdrückerische Person bin. Er macht mir klar, daß das, was ich mache, überlebensfeindlich sei.

Gegen 18 Uhr kommt er, um mich abzuholen. Er macht die Abrechnung und zieht mir vom Verdienst 20 Prozent wegen des abfallenden Umsatzes ab.

Der zu auditierende Mann sitzt schon im Flur. Ich bereite mich auf die Sitzung vor. Ich soll so lange auditieren, bis der Herr einen Gewinn hat. Ich auditiere ihn über zwei Stunden, und er hat natürlich keinen Gewinn. Ich mache mit ihm einen neuen Termin, denn er muß nach Hause. Olaf kommt geeilt, um zu erfahren, wie es gelaufen sei. Ich erwidere, daß wir einen neuen Termin für Samstag, 18 Uhr gemacht haben. Das sei gut, er werde das Auditing übernehmen, da ich ja in München sei. Davon hat er mir noch nichts gesagt. Den Auditorenbericht, ein Protokoll, habe ich noch zu schreiben. Über jede Sitzung muß ein Bericht geschrieben werden für den Fallüberwacher, der dann in die Akte des Preclears (das ist die Person, die auditiert wird) kommt. Dabei empfiehlt mir Olaf, nie in die eigene Akte zu schauen. Das habe ich auch nicht vor.

Es ist 22.30 Uhr, und ich soll einen Text über Roboter studieren, denn auch dazu gehöre ich. Roboter sind im Sinne von Scientology Menschen mit einer bösen Absicht, die sich selbst zurückhalten müssen, weil sie zerstörerisch handeln könnten. Heike blättert in Katalogen und Verzeichnissen. Während ich studiere, unterhalten sie sich nebenbei mit mir. Es wird 24 Uhr, ehe ich ins Bett (auf die Couch) komme.

Kurz nach 6 Uhr weckt mich Olaf. Noch vor 7 Uhr fährt er Fredericke zur Schule. Ich soll inzwischen Overts (schädliche oder gegen das Überleben gerichtete Handlungen) und Withholds (die Zurückhaltung von Overts, also die Verheimlichung davon) aufschreiben. Um 7.30 Uhr soll ich Heike wecken. Das versuche ich, aber sie steht nicht auf. Also wecke ich Miriam, denn sie muß zur Schule. Olaf kommt zurück und fragt, wieso ich Heike nicht geweckt habe. Ich entgegne, daß ich sie geweckt habe. Barsch fragt er, wieso sie dann noch schläft. Er schaut sich kurz an, was ich aufgeschrieben habe, aber es ist nicht ausführlich genug. Präzisere Angaben soll ich machen, mit Zeit- und Ortangaben, und den genauen Hergang schildern. Wir fahren zum Bayrischen Platz. Schnell räumt er das Auto mit aus. Er verschwindet und sagt, daß er heute nicht zwischendurch kommen werde, da er mit Heike nach Halle fährt, um den Standplatz für den Weihnachtsmarkt klarzumachen. Es läuft ganz gut mit dem Verkauf. Am Nachmittag kommt Peter an den Stand, Frederickes Vater. Er arbeitet in der Nähe. Wir unterhalten uns eine Weile. Ich sage ihm, daß ich das Dianetik-Buch brauche. Er hat es sich zum Lesen geborgt. Er will es mir morgen an den Stand bringen. Die Hitze und die Sonne machen mir zu schaffen. Auf meiner Haut bilden sich schon Blasen. Doch das zählt nicht. Wenn ich mit körperlichen Beschwerden übereinstimme, so ist das überlebensfeindlich; ich muß das ignorieren und „handhaben".

Olaf kommt schon eine ganze Weile vor 18 Uhr auf den Markt und verkauft noch mit. Im Auto erzählt er mir, daß ihm zu Hause die Decke auf den Kopf falle. Heike sei launisch und die Stimmung erdrückend. Ich höre ihm zu. Er meint noch, daß man eigentlich nicht so über andere rede.

Wir gehen nach oben. Olaf sagt, daß wir die Abrechnung morgen machen. Um 16 Uhr würde ich nach München fahren. Freddy könne bis Sonntag abend hier bleiben. Am Montag fahren sie auch nach München. Vielleicht kann Freddy dann zu meiner Mutter. Ich könne ja gleich dort vorbeifahren, um zu fragen. Er müsse sich jetzt auf die Sitzung vorbereiten. Er verabschiedet sich von mir. Morgen früh um 7.30 Uhr soll ich da sein. Ich lasse mir den Stadtplan geben, um nachzuschauen, wie ich fahren muß. Es ist nach 18.30 Uhr. Freddy habe ich gesagt, daß ich um 19 Uhr zu Hause bin. Zügig fahre ich nach Hause. Ich muß noch in die Kaufhalle, um Waschpulver zu kaufen. Gegen 19.30 Uhr bin ich zu Hause. Freddy wirft mir vor, daß es später ist als 19 Uhr. Sie muß Hausaufgaben machen, und ich müsse ihr dabei helfen. Und Hunger hat sie auch. Ich mache erst mal Abendbrot und setze die Wäsche an. Bei den Hausaufgaben stellt Freddy sich stur, so daß es über eine Stunde dauert. Fast 22 Uhr wird es, ehe sie ins Bett kommt. Ich habe noch so viel zu tun. Gestern wußte ich noch nicht, daß ich morgen nach München fahre. Die Wäsche muß ich bügeln, Briefe schreiben, die Sachen für Freddy und mich packen. Und und und. In Stahmeln Bescheid zu sagen, habe ich auch nicht geschafft. Und die Hausordnung? Es ist fast 2 Uhr.

Ich lege mich hin und stelle den Wecker auf 5 Uhr, um den Rest noch erledigen zu können, denn um 7 Uhr muß ich los. Ich kann nur noch Zettelchen schreiben. Ich wecke Freddy und bitte sie, den Brief für Oma abzugeben. Um 7 Uhr fahre ich bepackt mit dem Fahrrad los und bin einigermaßen pünktlich da. Ich sage, daß ich nur drei Stunden geschlafen habe. Na ja, meint Olaf, ich könne ja heute nachmittag im Auto schlafen, wenn ich nach München fahre. Und auf dem Markt müsse ich halt in Bewegung bleiben, damit mich die Müdigkeit nicht überfällt. Wir fahren zum Markt, räumen das Auto aus, und Olaf sagt, daß er mich um 14 Uhr abholen wird. Ich baue auf. Müdigkeit macht sich in mir breit. Ich taumle umher. Alles geht beschwerlich. Es macht mir große Mühe, mich zusammenzureißen. Es ist schon sehr warm. Die Blumenfrau kommt und bringt die bestellten Blumen. Ich soll Vorführungen machen mit den Blumenaquarien. Es sind kaum Leute auf dem Markt, kein Wunder bei der Hitze. Und wieder mal fängt der Tapeziertisch, der als Verkaufstheke dient, zu brennen an, denn die elipsenförmigen Blumenaquarien bündeln die Sonne auf einen Punkt. Die Verkäufer hängen nur herum. Und doch verkaufe ich einiges. Fast 14.30 Uhr ist es, als Olaf kommt. Er macht keine Anstalten zu gehen, sondern macht mich darauf aufmerksam, daß ich los müsse. Und ich habe es so verstanden, daß er mich abholen wird, wir also zur Moschelesstraße fahren. Auch den Kunden habe ich gesagt, daß wir heute nur bis 14 Uhr da sind. Er zahlt mich aus. Gestern habe ich 25 Prozent zusätzlich zum Verdienst bekommen, als Belohnung für den gesteigerten Umsatz. Der heutige Umsatz sei normal von der Zeit her gesehen, also kein Abzug und auch kein Zuschuß.

Ich eile zur Straßenbahn, muß zum Bahnhof, Geld holen. Erledigt! Komme vom Bahnhof, sehe die Straßenbahn „2" und renne nach ihr. Geschafft! Frage in der Bahn nach Fahrscheinen, denn ich hatte keine Möglichkeit, welche zu holen. Um 15 Uhr bin ich in der Moschelesstraße. Heike öffnet die Tür. Mir fällt ein, daß sie Geld von mir bekommt, 5 DM pro Tag, wenn Freddy da ist, fürs Essen. Kurz kommt mir in den Sinn, daß ich noch die 50 DM für den Sonntag bekomme, als ich auf die Kinder aufgepaßt habe, sage aber nichts.

Freddy hat den Brief für Oma noch im Ranzen. Mist, denke ich, dann weiß sie gar nicht, daß Freddy kommt, und nicht, daß ich nach München fahre. Ich muß aber los und schnappe meine Sachen, Freddy rennt mir nach. Sie will mit mir kommen, nicht dort bleiben, aber ich habe keine Zeit für sie. Kurz vor 16 Uhr bin ich in der Mitfahrzentrale und bezahle die Gebühr. Nach fast einer Stunde erscheint der Fahrer. Zwei weitere junge Frauen fahren mit. Es ist langweilig, so daß ich hin und wieder einnicke. Nach gut drei Stunden machen wir Rast bei „Mc Donalds". Mit dem einen Mädchen unterhalte ich mich, während wir etwas essen und trinken. Gegen 22 Uhr sind wir in München auf der Leopoldstraße.

Ich betrete die Org. Olaf sagte, daß ich mich wegen des Integritätskurses, den ich machen soll, bei Gabi B. melden soll. Ich gehe jedoch erst mal zu Silke. Sie ist aus Leipzig, ist aber vor etwa zehn Wochen nach München gegangen und mit Roman, ebenfalls Scientologe, eng befreundet. Ihre zweieinhalbjährige Tochter lebt bei den Großeltern in Leipzig, denn Silke muß ihren Posten erfüllen. Sie ist ganz überrascht, mich zu sehen, wußte nicht, daß ich komme. Es gibt ein großes Hallo. Ich frage, wo Ralf ist, zwecks Übernachtung. Silke meint, daß das bestimmt klargeht, und toll, daß ich da bin. Ich gehe, um mich bei Gabi zu melden. Eine Frau, die ich noch nie dort gesehen habe, begrüßt mich auf dem Flur und fragt mich, ob sie mir helfen könne. Ja, ich suche Gabi. Sie ist nicht mehr da. Die Frau schickt mich zur Rezeption zurück. Der älteren Frau an der Rezeption, die mir bisher stets freundlich begegnet ist, erzähle ich mein Anliegen, um zu erfahren, wo ich mich hinwenden kann. Als ich sage, daß Olaf mich schickt und ich den Integritätskurs machen soll, fragt sie mich schnippisch nach meinem „TIP", den festgelegten Kursablauf, und ob dieser Kurs dort angegeben sei. Nein, sage ich, aber ich soll ihn machen. Barsch entgegnet sie mir, daß das so nicht gehe. Es sind speziell ausgebildete Leute, die die Kurse zusammenstellen, und da dieser Kurs nicht auf meinem TIP steht, könne sie mir nicht helfen. Geschockt von ihrer Art, gehe ich nach oben, einen Kaffee trinken. Kaum habe ich mich gesetzt, kommt eine Frau und drückt mir ihre Freude darüber aus, daß ich wieder da bin. Ich sage ihr, daß ich eigentlich zu Gabi wollte, sie aber nicht mehr da ist. Ich bin gekommen, um den Integritätskurs zu machen. Sie sagt, daß sie mit mir alles klarmachen werde, und ich solle ihr folgen. Ich komme nicht dazu, den Kaffee zu trinken. Wieder geht es zu allen möglichen Leuten. Hin und her. Hoch und runter. Anschließend gehe ich wieder zu Silke. Ich kann bei Ralf übernachten. Es ist nach 23 Uhr. Wir fahren los, nach Laim. Noch ein kurzes Gespräch mit Ralf. Nach 24 Uhr kann ich endlich schlafen.

Samstag, 29. August

Um 8 Uhr aufstehen, waschen, anziehen und los zur Org. Unterwegs irgendwo frühstücken. 9.30 Uhr Studierbeginn. Nach etwa einer Stunde kommt Roman, der Kursüberwacher, zu mir und stellt fest, daß wir während meines Auditorenkurses kaum Möglichkeiten für Auditings hatten und das nachholen werden. Tanja mache jetzt den Kurs, und ob ich mich als PC (Preclear), also zu Auditierende, bereit erklären würde. Sie macht zwei Sitzungen mit mir. Ab 16 Uhr komme ich dazu, mit meinem Kurs fortzufahren. Bis 22 Uhr studiere ich und bekomme für morgen abend 22 Uhr noch eine mündliche Einladung, am Briefing „Gegen die Attacken an Scientology" teilzunehmen.

Ich studiere von 9.30 Uhr bis 22 Uhr, muß jede Menge Aufsätze schreiben und diese dem Kursüberwacher vorlegen. Es handelt sich um den Ehrenkodex der Scientology:

„1. Verlasse nie einen Gefährten in Not, Gefahr oder Schwierigkeiten.

2. Ziehe nie ein Treueversprechen zurück, das du einmal gegeben hast.

3. Verlasse niemals eine Gruppe, der du deine Unterstützung schuldig bist.

4. Setze dich nie selbst herab und schmälere niemals deine Stärke oder Fähigkeit.

5. Sei nie von Lob, Zustimmung oder Mitleid abhängig.

6. Mache nie Zugeständnisse, die deine eigene Realität verletzen.

7. Lasse nie zu, daß deine Affinität (Ausmaß an Mögen oder Zuneigung oder die Abwesenheit davon) getrübt wird.

8. Gib oder empfange keine Kommunikation, es sei denn, du selbst wünschst es.

9. Deine Selbstbestimmung und deine Ehre sind wichtiger als dein unmittelbares Leben.

10. Deine Integrität dir selbst gegenüber ist wichtiger als dein Körper.

11. Bedaure nie, was gestern war. Das Leben ist heute in dir, und du schaffst dein Morgen.

12. Fürchte dich nie davor, einen anderen in einer gerechten Sache zu verletzen.

13. Sehne dich nicht danach, gemocht oder bewundert zu werden.

14. Sei nicht dein eigener Ratgeber, behalte deine Absichten für dich und triff deine eigenen Entscheidungen.

15. Bleibe deinen eigenen Zielen treu."

Es sind Aufsätze, in denen ich zu jedem Punkt anhand eines Beispiels, also eines eigenen Erlebnisses, beschreiben soll, wie ich dieses Wissen hätte anwenden können. Die Niederschriften verbleiben beim Kursüberwacher.

Um 22 Uhr ist Studierende, und ich bin ausgelaugt. Ich gehe einen Kaffee trinken und werde abgepaßt, um an dem Briefing teilzunehmen.

„Gegen die Attacken an Scientology". Ich frage mich, wieso es Attacken geben kann. Die Versammlung dauert über zwei Stunden. Es wird von den Erfolgen der Scientology berichtet, so zum Beispiel, daß man es geschafft hatte, einige psychiatrische Kliniken zu schließen. Und man sei dabei, Interpol mehr und mehr in die Enge zu treiben. Claudia K. von der Öffentlichkeitsarbeit berichtet detailliert von Prozessen, die gegen Scientology gerichtet waren, aber Scientology hätte den Klägern in allen Fällen das Handwerk legen können, und Scientology habe all diese Prozesse gewonnen. Immer wieder sagt sie, daß die anderen „Peng!" machen, und wir machen „Ping!".

Ich frage mich kurz, was das soll, wenn doch alles in Ordnung ist. Es scheint mir wie eine Show. Über 50 Studenten sind in diesem Raum. Gegen Ende wird nochmals Power gemacht, indem die Studenten aufgefordert werden zu sagen, welchen Beitrag sie zu leisten bereit sind, damit Scientology noch öffentlicher wird. Es fallen wieder viele mir unverständliche Worte. Der krönende Abschluß besteht darin, daß alle aufstehen und Ron Hubbards Bild beklatschen, das sich an der Wand des Kursraumes befindet. Gegen 1.30 Uhr liege ich im Bett.

Montag, 31. August

Zu spät erwache ich, so daß keine Zeit mehr bleibt, frühstücken zu gehen. Auf dem Weg zur Org bitte ich Roman – er wohnt auch in der Wohngemeinschaft und ist als Kursüberwacher tätig – um Erlaubnis, noch frühstücken gehen zu dürfen. Er jedoch kann, darf das nicht entscheiden, und ich soll das mit Harald – dem anderen Kursüberwacher – besprechen. Um 9.30 Uhr ist die Anwesenheitsüberprüfung. Ausnahmsweise darf ich frühstücken gehen, bekomme 15 Minuten genehmigt.

Morgen will ich nach Hause. Harald hat mich für 19 Uhr zu einem Vortrag über das Reinigungsprogramm eingeladen.

Heute muß ich alle Overts und Withholds in Form einer Beichte niederschreiben, also alle schädlichen oder gegen das Überleben gerichtete Handlungen und deren Zurückhaltungen, sprich Verheimlichungen. Und zwar detailliert nach Einzelheiten, indem die Zeit, der Ort, die Form und das Geschehen zu erörtern sind.

In dem Kursmaterial steht geschrieben:

„Im Verlauf der Geschichte hat es sich immer wieder als richtig erwiesen, daß der Mensch erst dann, wenn er sich offen zu seinen Verstößen bekannt hat, eine Befreiung von der Last der Schuld erleben wird, die er deshalb mit sich herumträgt.

In der Scientology haben wir Verfahren, mittels derer jemand in der Lage ist, seine Withholds und die diesen zugrundeliegenden Overts-Handlungen zu enthüllen. Wir wissen schon lange, daß die Beichte der eigenen Overt-Handlungen der erste Schritt dahin ist, Verantwortung für sie zu übernehmen und sich darum zu bemühen, die Dinge wieder ins Lot zu bringen."

Fast den ganzen Tag also beschäftige ich mich mit Overts und Withholds. Man sollte möglichst viele aufschreiben, da man sich danach sehr gut und frei fühlen wird.

Ich muß die Mitfahrzentrale anrufen, denn ich brauche für morgen eine Mitfahrgelegenheit nach Leipzig. Man kann mir noch keine nennen, und ich soll später nochmals anrufen.

Nach der Mittagspause fragt mich Roman, ob ich Interesse an einem Auditing hätte, morgen 19 Uhr. Ein Clear würde dieses Auditing durchführen, so bis 22 Uhr. Ich teile ihm mit, daß ich eigentlich nach Hause muß, bis jetzt aber noch keine Mitfahrgelegenheit habe. Ich verbleibe mit ihm so, daß wenn ich für morgen keine Mitfahrgelegenheit bekommen sollte, ich mich auditieren lasse. Am Mittwoch allerdings muß ich spätestens nach Hause.

Während des Studierens darf ich anrufen gehen. An dem Telefon für derartige Gespräche sitzt Harald. Ich frage ihn, ob er noch mehrere Telefonate zu führen habe, denn ich müsse mal kurz die Mitfahrzentrale anrufen. Er erlaubt mir, vom Kursraum aus anzurufen. Für Dienstag gibt es keine Mitfahrgelegenheit, aber für Mittwoch 8 Uhr. Zur Sicherheit nehme ich also diese und rufe die Fahrerin an zwecks Vereinbarung des Treffpunktes. Zwischendurch macht mich Roman darauf aufmerksam, daß es nicht gestattet sei, von diesem Apparat aus anzurufen. Ich sage ihm, daß ich Haralds Einverständnis habe. Dann sei es okay.

Nachdem ich alles klargemacht habe, gehe ich zurück zu meinem Platz. Roman erkundigt sich nach dem Ergebnis. Ja, ich kann dieses Auditing wahrnehmen und fahre dann am Mittwoch um 8 Uhr nach Leipzig.

Um 19 Uhr gehe ich zu dem Vortrag über das Reinigungsprogramm, der im Filmraum stattfindet. Etwa zehn Stühle sind aufgestellt, und auf einem Tisch befinden sich Knabbereien und Getränke. Ich bin die erste; Björn schenkt mir Eistee ein. Es ist schon nach 19 Uhr. Sahra kommt noch. Sie hat mal eine Übung mit mir gemacht. Dann kommt der Redner, ein mir unangenehmer, nervöser Typ, und beginnt sofort mit dem Vortrag. Während er redet, gehen seine Blicke blitzartig von mir zu Sahra, dann wieder zu mir und so weiter, und er lacht gekünstelt. Zum Abschluß fragt er, ob es noch Fragen gebe. Ich sage, daß ich erst mal schockiert bin (so viele Informationen in seinem Redeschwall). In etwa drei Wochen durchläuft man dieses Reinigungsprogramm, hält sich fünf Stunden täglich in der Sauna auf und erhält eine Vielzahl von Vitaminen und Ölen. Der Körper wird von Chemikalien befreit, gegen radioaktive Strahlen immun gemacht. Die Wahrnehmung, Intelligenz und Leistungsfähigkeit werden danach enorm gesteigert sein. Ich bemerke, daß man dieses Programm doch immer wieder durchlaufen müßte, da doch logischerweise der Körper immer wieder den Chemikalien ausgesetzt ist. Das sei nicht erforderlich. Einmal genügt, denn nach diesem Reinigungsprozeß wird der Körper nur noch ganz minimal davon beeinflußt sein.

Er verläßt den Raum, und Sahra beginnt von dem Reinigungsprogramm zu erzählen. Auch die anderen Personen haben es bereits durchlaufen. Sahra arbeitet nun in der Sauna mit. Ich stelle fest, daß dieser Vortrag nur für mich gehalten wurde. Ich blättere in den ausgelegten Büchern und frage, was dieses Programm denn kosten würde. Björn weiß es nicht und macht sich kundig. Für Mitarbeiter würde es so 1.200 DM kosten, teilt er mir mit. Daraufhin erwidere ich, daß ich allmählich dafür sparen werde, und verlasse den Raum, um noch einen Kaffee zu trinken, bevor ich wieder in den Kursraum gehe, obwohl das nicht erlaubt ist. Es ist kurz nach 20 Uhr. Ich bin auf dem Weg zum Kursraum. Björn fragt mich, ob ich ein paar Minuten Zeit hätte, denn er habe gute Nachrichten für mich. Er bittet mich in sein Büro. Von Gabi habe er erfahren, daß ich das Reinigungsprogramm gesponsert bekomme. Wir könnten also sofort damit beginnen. Als Ausgleich müßte ich vormittags in der Testauswertung mitarbeiten und, wenn erforderlich, Auditings geben. So richtig kann ich mich über diese Nachricht nicht freuen, obwohl ich es müßte. Ich mache ihm klar, wie unmöglich es für mich ist, sofort damit zu beginnen, da ich morgen früh nach Hause fahre. Und wieder bearbeitet man mich. Besser wäre es, gleich mit dem Programm zu beginnen, und ob es denn so wichtig sei, nach Hause zu fahren. Ja, es muß sein! Ich habe einiges zu klären, so zum Beispiel die Unterbringung meiner Tochter. Björn gibt nicht auf, mich zu bedrängen. Er meint, daß wir das auch telefonisch klären können. Olaf und Heike würden sich bestimmt bereit finden, meine Tochter in dieser Zeit zu sich zu nehmen, und es sei nicht gut, wenn sie bei meinen Eltern bleibt. Woher weiß er denn von meinen Verhältnissen?

Ich lasse mich nicht darauf ein und gebe ihm zu verstehen, daß ich schon bei meiner Abreise nur Zettelchen verteilen konnte und mich das während des Programms dauernd beschäftigen würde, so daß ich den Kopf nicht frei hätte. Es gehe nicht nur um meine Tochter, sondern auch darum, daß ich arbeitslos bin und es einige Geldangelegenheiten zu klären gebe. Die Miete muß bezahlt werden und so weiter. Schließlich fragt er, wann ich wieder hier sein könne. Ich sage, frühestens am Sonntag. Ihm scheint das zu spät. Und wieder redet er auf mich ein, daß doch zwei Tage genügen würden, so daß ich Freitag wieder hier sein könnte. Ich sage nichts mehr.

Auf alle Fälle soll ich morgen mit den Vorbereitungen für das Reinigungsprogramm beginnen. Das geht, sage ich, denn ich habe vor, morgen Mittag meinen Kurs abzuschließen, und hätte dann bis 19 Uhr Zeit, bis zum Auditing.

Ich begebe mich in den Kursraum, um weiter an meinen Overts und Withholds zu arbeiten, indem ich sie niederschreibe, bis 22 Uhr.

Als ich aufbreche, treffe ich Ralf und gehe mit ihm, um in das Quartier zu fahren. Ich erzähle ihm davon, daß ich das Reinigungsprogramm gesponsort bekomme. Er meint, daß es bei ihm auch so angefangen habe. Es sei der Beginn, die Brücke zur völligen Freiheit nach oben zu gehen. Ich frage ihn, ob ich während dieser Zeit wieder bei ihm übernachten könne, denn er verlangt nur 10 DM die Nacht, und außerdem ist er mir sympathisch. Er willigt ein. Wir sind lange unterwegs, weil der S-Bahn-Verkehr bereits eingestellt ist. Wieder ist es nach 1 Uhr, ehe ich zum Schlafen komme.

Um 12 Uhr gebe ich den Abschlußaufsatz beim Kursüberwacher ab. Bis 13 Uhr ist Mittagspause. Der Aufsatz ist okay. Es geht nach oben an das E-Meter. Ein Erfolgsbericht wird geschrieben, und dann wieder in den Kursraum. Harald gibt meinen Kursabschluß bekannt. Applaus! Ich berichte kurz den Studenten von dem Kurs und was er mir gebracht hat.

Harald fragt mich, ob ich mit einem Studenten eine Übung aus dem Kommunikationskurs machen würde. Ich sage ihm, daß ich diesen Kurs noch nicht gemacht habe und jetzt die Vorbereitungen für das Reinigungsprogramm machen soll. Es mache nichts, wenn ich den Kurs noch nicht absolviert hätte. Es sei eine Anfangsübung, die ich mir im Kurs-Pack durchlesen kann. Er werde Bescheid sagen, daß ich später zu den Vorbereitungen komme. Dafür werde noch genügend Zeit bleiben. Ich lese mir die Übung durch, die ich bereits mit Olaf einmal gemacht habe. Man setzt sich einander gegenüber und schließt die Augen. Man darf nicht zucken oder sich bewegen. Der Sinn der Übung ist, daß man bequem da sein kann.

Eine weitere Übung folgt. Man sitzt sich gegenüber. Die Augen sind geöffnet. Man schaut sich an, ohne sich zu bewegen und ohne etwas zu sagen. Der Sinn dieser Übung ist, daß man den anderen bequem anschauen kann, ohne etwas zu ihm sagen zu wollen oder müssen.

Die Übungen gehen über Stunden. Ich empfinde es als belastend, den anderen anzustarren, aber ich habe mich nicht gerührt und nichts geäußert, um durch das Okay des Kursüberwachers davon befreit zu werden.

Um 15.30 Uhr ist Pause. Um 15.45 Uhr gehe ich zu dem Büro, um mit den Vorbereitungen zum Reinigungsprogramm zu beginnen. Ich warte fast eine Stunde, ehe sich eine kompetente Person findet. Björn bringt mich ins Erdgeschoß, wo ich nochmals die 200 Fragen des Persönlichkeitstestes zu beantworten habe. Es folgt der Intelligenztest, bei dem 80 Fragen in 30 Minuten zu beantworten sind, und dann noch ein Eignungstest.

Nun stelle ich einige Fragen: Was ich mitbringen muß, und welche Kosten mir dabei entstehen, denn Ralf sagte mir, daß man die Vitamine bezahlen muß. Klare Antworten erhalte ich nicht. Ich bohre weiter. Frage, welche Vitamine verwendet werden und ob ich sie mir nicht selbst besorgen könnte (in der Hoffnung, dabei billiger wegzukommen). Nein, das geht nicht, sagt er. Sie kaufen die Vitamine und Öle selbst ein, und ich müßte dann je nach der Menge, die ich brauche, dafür bezahlen. Wieviel, frage ich. Es ist unterschiedlich, so zwischen 150 und 250 DM. Von einer ärztlichen Untersuchung war die Rede. Ich frage nach einem Formular dafür, um mich von meiner Ärztin untersuchen zu lassen. Es gibt kein Formular, weil die Untersuchung nicht von jedem Arzt gemacht werden darf. Sie haben eigene Ärzte, an die dann ein Honorar zu entrichten ist, und dessen Höhe sei auch unterschiedlich, ab 60 DM aufwärts.

Und wieder geht es los, daß es doch besser sei, gleich mit dem Programm zu beginnen. Die Tür geht auf. Es ist Mine. Bisher hatte ich sie nicht in der Org angetroffen. Sie fragt mich, ob ich nach der Pause zu ihr kommen könne. Sehr gern, sage ich, aber da gehe ich in Sitzung. Ja, dann nach der Sitzung. Ich bin einverstanden.

Um 19 Uhr soll ich mich im Kursraum melden. Man bittet mich um etwas Geduld. Der Auditor, der schon lange Clear ist, holt mich in den Auditing-Raum. Ich nehme in dem Ledersessel Platz. Er sitzt mir gegenüber. Zwischen uns steht ein Tisch. Wir machen uns kurz bekannt. Dann beginnt er die Sitzung.

Der Blick an die Decke; bei sieben die Augen schließen; ein Geschehnis finden, das ich mir bequem anschauen kann. Ich erzähle von der Zeit, als ich Schwierigkeiten hatte, mich für einen Beruf zu entscheiden und eine Lehrstelle zu finden. Nach einer Weile holt er mich in die Gegenwart und meint, daß ich in zu großen Zeitabständen erzähle und er nicht sicher sei, ob es sich um ein Geschehnis handelt. Ein Geschehnis bezieht sich auf eine kurze Zeitspanne. Er läßt mich wieder die Augen schließen, und ich erzähle, daß ich das Abitur machen sollte, dann aber verzichtet habe, da es so wenig Plätze gab. Irgendwann lande ich im Kindergarten, darauf in der Kinderkrippe, und dann bin ich einige Tage alt. Alle Geschehnisse muß ich mehrmals durchgehen. Ich habe fürchterliche Schmerzen in den Beinen, und der Kopf tut sehr weh. Er sucht nach Redewendungen, die Personen im Geschehnis geäußert haben könnten. Mir fallen Äußerungen ein wie: „Bleib, wo du bist"; „Ich habe zu entscheiden, was gemacht wird"; „Du wirst schon sehen, was du davon hast"; „Du bist unmöglich"; „Sei still, ich kann das nicht mehr hören" und so weiter. Ich bekomme die Anweisung, diese Redewendungen, jede für sich, immer wieder zu sagen, so lange, bis der Schmerz, im Auditing Somatik genannt, nachläßt und schließlich verschwindet. Meine Schmerzen jedoch lassen nicht nach, werden stärker, scheinen dann abgeschwächt, tauchen aber wieder auf.

Irgendwann sagt der Auditor, daß wir die Sitzung morgen und übermorgen fortsetzen werden. Das geht nicht, antworte ich, da ich morgen nach Leipzig fahre, und frage, wie spät es ist. Meine Augen sind noch immer geschlossen. Jetzt ist es 1 Uhr, sagt er. Oh, sage ich, dann fahre ich ja schon nachher. Er meint, daß er die Sitzung so nicht beenden könne, und fährt fort. Meine Beine, besonders die Knie schmerzen. Mal ist es rechts schlimmer, mal links, und dann sind es beide. Er arbeitet daran, mich noch weiter zurückzuschicken, aber es funktioniert nicht. Und immer wieder fragt er mich nach meinem Befinden. Ich wälze mich auf dem Stuhl hin und her. Als ich sage, daß es mir besser geht, holt er mich in die Gegenwart und beendet die Sitzung. Ich bin wie gerädert. Es ist fast 3 Uhr. Er fragt mich, wohin ich müsse, aber er hat die entgegengesetzte Richtung und sagt, daß er keinen Umweg machen kann, weil er nachher ins Geschäft muß. Ich habe Mühe, mich zurechtzufinden, und gehe einen Kaffee trinken und esse etwas. Auf einem Zettel an der Tür bittet mich Björn, ihn anzurufen, sobald ich in Leipzig bin. Ich überlege, was ich jetzt machen soll. In fünf Stunden muß ich am Hauptbahnhof sein. Meine Sachen sind noch in Laim, bei Ralf. Zum Schlafen komme ich wohl nicht mehr, denn es lohnt sich nicht, und die Gefahr, daß ich verschlafe, ist groß. Da sind noch zwei, drei Leute in der Org, die aber keine Notiz von mir nehmen. Auch der Mann, der den Vortrag über das Reinigungsprogramm gehalten hat. Sie scheinen auch nachts hier zu arbeiten. Als er sich einen Kaffee holt, fragt er, wann es mit dem Reinigungsprogramm losgehe. Am Sonntag werde ich wieder da sein, antworte ich. Nachher fahre ich erst mal nach Leipzig. Jetzt habe ich gerade ein fast achtstündiges Auditing hinter mir. Das scheint er nicht zu hören. Er fragt nur, was ich denn so lange in Leipzig wolle. Ich will ihm darauf antworten, aber er geht. Ich bin dem Wahnsinn nahe. Was ist nur los?

Am liebsten würde ich jetzt schlafen; ich könnte mich ja in einen der Zweisitzer legen, aber ich muß meine Sachen holen. Gegen 3.30 Uhr verlasse ich das Gebäude. Ich laufe zur U-Bahnstation. Die Straße ist menschenleer.

An der U-Bahn ein runtergelassenes Gitter. Was soll denn das? Ein paar Leute kreuzen meinen Weg, und ich frage, was dieses Gitter zu bedeuten habe. Die erste U-Bahn fährt erst wieder gegen 5 Uhr. Das ist noch über eine Stunde bis dahin. Ich laufe zu der anderen U-Bahnstation, zur Münchner Freiheit. Da sind keine runtergelassenen Gitter. Ich schaue auf den Fahrplan. Tatsächlich fährt die nächste U-Bahn erst kurz vor 5 Uhr. Ich bin müde, und mir ist kalt. Die Zeit will nicht vergehen. Irgendwann kommt die Bahn. Am Marienplatz muß ich in die S-Bahn umsteigen und warte etwa eine halbe Stunde und anschließend noch eine ganze Weile auf den Bus. Obwohl ich rechtzeitig auf den Türöffner drücke, hält der Bus nicht, sondern erst an der nächsten Haltestelle. Ich kenne mich nicht aus, komme schließlich aber in der Hirschgartenallee bei Ralf an. Ich klingle Sturm, um gehört zu werden. Eine verschlafene Stimme fragt, wer da sei. Ich nenne meinen Namen, und die Tür summt; ich gehe die Treppen nach oben. Ralf steht an der Tür und wundert sich. Er fragt, wo ich um diese Zeit herkomme. Kurz sage ich ihm, daß ich ein langes Auditing hinter mir habe und keine U-Bahn fuhr. Verschlafen meint er, daß ich mich hinlegen soll, um auszuschlafen. Nein, sage ich, muß gleich wieder los. Mittlerweile ist es 6 Uhr. Ich gehe ins Bad, um zu duschen, und packe meine Sachen zusammen. Und doch lege ich mich etwas hin, wobei ich krampfhaft daran denke, ja nicht einzuschlafen. Gegen 6.30 Uhr mache ich mich zum Hauptbahnhof auf, kaufe mir etwas zu essen und trinke Kaffee. Dann suche ich den Haupteingang, um das Auto nicht zu verfehlen. Um 8 Uhr steige ich in den Wagen ein. Die Fahrerin hat ihre Mutter mit, und neben mir sitzt eine weitere Mitfahrerin, die sehr geschwätzig ist. Nach einer guten Stunde machen wir Halt, weil die Frau neben mir noch nicht gefrühstückt hat. Ich gehe mit ihr, um einen Kaffee zu trinken. Sie redet und redet. Die Fahrt geht weiter. Vor Schwäche schlafe ich irgendwann ein und werde erst kurz vor Leipzig wieder munter. Die Fahrerin will nur bis zum Schkeuditzer Flughafen fahren, da sie Angst hat, sich in Leipzig zu verirren. Jedoch gerät sie auf die falsche

Spur, und ich schaffe es, sie auf die Georg-Schumann-Straße zu dirigieren. So bin ich fast zu Hause. Sie kann von dort aus problemlos nach Halle, und die Frau neben mir hat eine gute Verbindung nach Leutzsch. An der Annaberger Straße ist die Fahrt beendet. Ich erkläre der Mitfahrerin, wie sie nach Leutzsch kommt. Sie fragt nach einer Wirtschaft und ob wir noch etwas zusammen trinken könnten. Sie hätte Zeit. In der Nähe ist nur das „Café Wahren". Aber ihr ist das zu weit, denn sie hat einen schweren Koffer. Sie erzählt und erzählt. Ich sage, daß ich jetzt gehen müsse. Sie gibt mir ihre Telefonnummer von München.

Ich laufe nach Wahren. Erst mal muß ich telefonieren. Olaf und Heike wollten doch eigentlich am Montag nach München kommen, waren aber nicht da. Möglich wäre also, daß Freddy noch bei ihnen ist. Das Münztelefon geht nicht. Ich laufe weiter in Richtung Pittlerstraße. Das Telefon an der Tankstelle funktioniert. Es ist etwa 13.30 Uhr. Ich wähle Olafs Telefonnummer und habe ihn am Apparat. Ich melde mich zurück. Sofort legt er los, so daß ich nicht zu Wort komme. Energisch fragt er, wieso ich ihn nicht von München aus angerufen habe. Er wisse gar nicht, was los sei. Und meine Mutter habe heute morgen empört bei ihm angerufen und nach mir gefragt, wo ich bleibe. Wegen Freddy konnte sie heute nicht zur Arbeit gehen. Sie habe sehr sauer geklungen, und er habe sie gesehen, als er Freddy hingebracht hatte, und sie sei eindeutig eine unterdrückerische Person. Er wolle mich nur warnen, und ich solle sie auf alle Fälle ausreden lassen, wenn ich Freddy hole und mich unbedingt einsichtig zeigen. Das, was ich gelernt habe, soll ich anwenden. Ferner werde er heute abend mit Heike nach München fahren. Heikes Mutter wird auf die Kinder aufpassen. Ich hätte ja erst mal einiges zu klären, ehe ich zum Reinigungsprogramm fahre. Am Donnerstag (morgen) könne ich in seine Wohnung fahren, um Heikes Mutter zu unterstützen oder mich sonst nützlich zu machen. Auf alle Fälle solle ich ihn um 18 Uhr nochmals anrufen, um ihm zu berichten, was passiert ist. Und er wünsche mir viel Erfolg.

Ich bin fix und fertig. Wenn Mutter anruft, ist die Lage wirklich ernst. Gewöhnlich meidet sie jeden Anruf. Ich gehe erst mal nach Hause, um mich einigermaßen zu sammeln. Dort mache ich folgende Notizen:

„Vor wenigen Minuten habe ich Olaf angerufen. Er war sauer auf mich, weil ich nicht früher angerufen habe. Ich bin später als vermutet aus München zurück. Spätestens gestern wollte ich kommen. Mutter hat heute bei ihm angerufen und war sehr wütend. Sie konnte wegen Freddy nicht zur Arbeit gehen. Am Sonntag soll ich mit dem Reinigungsprogramm starten. Das bedeutet drei Wochen München und mindestens 1.000 DM. Wieder mal habe ich alle gegen mich verärgert. Mist! Und in München hat man auf mich eingeredet, gleich da zu bleiben. Ich meine es gut, und doch mache ich alles falsch. Ich übernehme schnell Verantwortung und vernachlässige die eigentliche Verantwortung, die ich zu tragen habe.

Ich packe es einfach nicht, alles unter einen Hut zu bekommen, weil ich keinen Zyklus abschließe. Zu schnell willige ich in Aufgaben ein. Es ist ein völliges Wirrwarr. Hin und her lasse ich mich treiben. Es ist wieder dieser Teufelskreis. Alles droht mich zu zerquetschen. Ich stecke in einem Loch. Ab und zu gelingt es mir, mich nach oben zu ziehen. Dann gibt es wieder diesen Ruck, und ich stürze ab. Ich stecke in der Klemme.“

Olaf weiß also bereits, daß ich zum Reinigungsprogramm fahre. Gegen 15 Uhr gehe ich nach Stahmeln. Ich muß mich stellen. Ich fühle mich unheimlich klein. Mir geht es schlecht. Unterwegs begegne ich meinem Stiefvater; er grüßt mich freundlich, was sonst nie passiert. Ich gehe weiter. Fredericke rennt mir entgegen, um mich zu begrüßen. Ich betrete das Haus und klopfe bei Mutter, aber niemand ist da. Ich gehe nach oben zu Gerda. Ganz allmählich versuche ich, mich mit der Lage zu konfrontieren. Ich frage Gerda, ob sie weiß, wo Mutter ist. Na, bestimmt noch bei der Arbeit, entgegnet sie. Bei der Arbeit? Ich erzähle Gerda, daß Mutter bei Olaf angerufen habe. Gerda glaubt das nicht und sagt, daß sie selbst angerufen habe wegen der Telefonnummer von München. Seit gestern haben sie ein Telefon, und sie wollten mich anrufen.

Ich verstehe das alles nicht.

Mutter ist gekommen. Sofort gehe ich zu ihr. Lachend kommt sie mir entgegen. Einsichtig sage ich ihr, daß es nicht okay von mir war, wegen Freddy nur einen Zettel zu schreiben. Ich könne verstehen, daß sie bei Olaf angerufen habe, fahre ich fort. Nein, sagt sie. Sie ruft doch nicht an. Nichts stimmt von dem, was mir Olaf erzählt hat. Was soll das alles? Was ist nur los? Mutter kocht Kaffee und bietet mir was zu essen an. Nach einer Weile sage ich, daß ich am Sonntag noch einmal nach München muß, diesmal für drei Wochen. Ich frage, ob es ihr möglich wäre, Freddy für diese Zeit zu nehmen. Ja schon, sagt sie, aber nächste Woche fahren wir in Urlaub. Eine Woche geht es nicht. Ich frage sie, ob sie mir Geld borgen könnte. Sie gibt mir 200 DM. Wir unterhalten uns noch ein bißchen, und ich gehe wieder zu Gerda hoch. Sie erzählt mir, daß Freddy gesagt habe, sie wolle nicht mehr zu Olaf und Heike. Nun sage ich ihr, daß ich am Sonntag für drei Wochen nach München müsse und Mutter nächste Woche verreise. Entsetzt fragt sie, wieso ich schon wieder nach München müsse. Ich erzähle ihr von dem Reinigungsprogramm und zeige ihr eine Broschüre. Erstmals liest sie da etwas von Scientology. Bisher war stets nur von Dianetik die Rede. Erschrocken berichtet sie von einer Sendung über Scientology und einem Artikel, den sie darüber gelesen habe. Da ich bei diesem Briefing war, kontere ich, daß das alles nicht stimmte. Jedenfalls bietet sie mir an, Freddy für eine Woche zu nehmen.

Ich rufe bei Olaf an. Heike ist dran und sagt, daß er noch nicht da sei. Es sei ja noch nicht 18 Uhr. Um 18 Uhr versuche ich es nochmals. Ich sage ihm, daß meine Mutter nicht bei ihm angerufen habe und die Stimmung zu Hause friedlich sei. Er lacht und meint, daß es nur so sei, weil ich mit dem Schlimmsten gerechnet habe. Ich kann darüber nicht lachen. Jedenfalls soll ich für München alles klarmachen. Er fahre mit Heike gleich los. Freitag abend werden sie zurück sein. Und am Samstag gehen wir auf den Flohmarkt. Das ist gut, sage ich, denn ich brauche noch Geld. Er bittet mich, einen Moment zu warten, weil Heike eigentlich mit verkaufen wollte. Im Hintergrund höre ich, wie er sie fragt, ob sie nun mit verkaufe. Launisch verneint sie. Also darf ich mit verkaufen. Er erzählt etwas von München und von Großstädten. Ich mache ihm klar, daß ich was gegen Großstädte habe und auch nicht vorhabe, nach München zu gehen. Er fragt mich, was ich an Leipzig ändern möchte und daß er und ich, daß wir momentan die einzigen seien, die hier etwas ändern können. Ich kann ihn morgen auch in München anrufen, um Aufgaben zu bekommen.

Ich verabschiede mich von ihm und gehe mit Fredericke nach Hause. Sie muß noch Hausaufgaben machen. Auf dem Boden des

Flures packt sie ihre Schulsachen aus. Ich mache sie darauf aufmerksam, daß das so nichts wird. Sie reagiert störrisch. Ich mache ihr klar, daß ich unter diesen Umständen nicht bereit bin, ihr zu helfen. Wütend geht sie in ihr Zimmer und legt sich angezogen ins Bett. Mehrmals gehe ich zu ihr und fordere sie auf, die Hausaufgaben zu machen und sich zu waschen. Ich erreiche nichts. Ich bin schwach und abgespannt, nicht in der Lage, darauf zu reagieren. Zumindest erreiche ich, daß sie ihre Kleider auszieht.

Mir erscheint alles so undurchsichtig und widersprüchlich. Ich mache einen Plan, was ich morgen erledigen muß.

Donnerstag, 3. September

Ich wecke Fredericke. Sie muß zur Schule. Gleich beginnt der Tag mit Theater. Ihr fällt ein, daß sie ihre Hausaufgaben machen muß. Ich erkläre ihr, daß sie zu spät zur Schule kommen wird. Sie wird wütend. Jedenfalls wird sie ohne die Hausaufgaben nicht in die Schule gehen. Ihre Sturheit nervt mich. Mir ist, als ob sie mich für alles verantwortlich machen will. Dabei gibt sie mir keine Möglichkeit, ihr wirklich zu helfen. Dem bin ich einfach nicht gewachsen. Ich schreibe in das Hausaufgabenheft eine Mitteilung an ihre Klassenlehrerin, daß ich sie dringend sprechen müsse, und zwar heute abend oder morgen. Das hatte ich ohnehin vor. Die Schule hat schon begonnen, als Freddy fertig ist. Ich sage ihr, daß ich ihr keine Entschuldigung schreiben werde und sie sagen soll, warum sie zu spät kommt. Nachdem sie gegangen ist, überlege ich, was ich als erstes tun werde. Ich wasche und bügle erst mal die Wäsche und versuche, etwas Ordnung in meinen Haushalt zu bringen. Später gehe ich nach Wahren, um Kontoauszüge und Geld zu holen und einige Telefonate zu führen. Zunächst hole ich die Auszüge. Flüchtig schaue ich darauf. Da sind über 200 DM. Offensichtlich sind einige Abbuchungen noch nicht erfolgt. Ich stelle mich an der Auszahlstelle an, während ich den Auszahlungsschein über 200 DM ausfülle. Zufällig schaue ich nochmals auf den Auszug und sehe, daß hinter der Summe Soll, also Schuld steht. Fluchtartig verlasse ich die Sparkasse. Niemanden rufe ich an, auch nicht Björn. Ich eile nach Hause, bin verzweifelt. Noch nie habe ich Schulden auf dem Konto gehabt. Doch, einmal, aber da waren es etwas über 2 DM. Jetzt sind es fast 300 DM. Wie ist das passiert? Ich überlege, von wem ich mir Geld borgen könnte. Das ist mir unangenehm. Ich kann unmöglich mit den 200 DM, die mir Mutter geliehen hat, nach München fahren. Davon muß ich doch für das Wochenende einkaufen. Es klingelt. Ich gehe zur Tür, um zu schauen, wer da ist. Ich sehe niemanden, höre aber Schritte auf der Treppe. Panikartig kommt Gerda, meine Schwägerin, nach oben geeilt. Schon auf der Treppe ruft sie, daß ich schnell die Tür öffnen soll. Sie redet allerhand durcheinander, daß sie ehrlich zu mir sein müsse, etwas Schlimmes passiert sei, sie eigenmächtig gehandelt habe, nicht von mir verlangen könne, daß ich das verstehe. Ich verstehe wirklich nicht, was sie nun meint. Wir gehen in die Küche. Sie ist sehr aufgeregt. Ich frage sie, was denn sei. Ist den Kindern oder Roland, meinem Bruder, was passiert? Sie berichtet, daß sie gestern abend noch herumtelefoniert hat, um sich nach Scientology zu erkundigen. Auf keinen Fall dürfe ich nach München fahren. Ich hänge noch immer an dem Gedanken, Schulden auf dem Konto zu haben, und sage beiläufig, daß ich erst mal gar nicht fahren kann. Sie sagt, daß sie heute abend mit einem jungen Mann zu mir kommen werde und ich mir anhören solle, was er zu sagen hat, wenigstens anhören. So richtig bin ich nicht bei der Sache, sage aber zu, daß sie mit dem Mann kommen kann. Ich begreife nicht, was da abläuft, kann dem allem nicht folgen.

Frederike kommt nach Hause. Morgen, 8.15 Uhr kann ich die Lehrerin sprechen.

Um 19 Uhr klingelt es. Es ist Gerda mit dem angekündigten jungen Mann, Herrn Batsch. Wir gehen ins Wohnzimmer. Er erzählt über Scientology und daß es sich um eine Sekte handele, die sehr gefährlich sei. Ihr System ähnele dem der Stasi. Das Dianetik-Buch und der Persönlichkeitstest werden benutzt, um die Leute abhängig zu machen. Ich höre mir seine Ausführungen an. Sie widersprechen völlig dem, was ich bisher gehört habe. Ich bin nicht in der Lage, mir eine Meinung über das alles zu bilden, und nicht fähig, mich dazu zu äußern. Nach etwa einer Stunde geht der Mann wieder. Gerda bleibt. Etwa 15 Minuten später klingelt es. Ich gehe zur Tür, da ist niemand. Vom Balkon rufe ich nach unten, aber es meldet sich niemand. Im Hausflur brennt Licht. Dann kann es nur mein guter Freund Thomas sein. Er klingelt meistens und schließt mit seinem Schlüssel die Haustür auf. Es klingelt erneut. Ich öffne das kleine Fenster an der Wohnungstür und stelle erschrocken fest, daß da Olaf steht.

Noch nie hat er mich in meiner Wohnung aufgesucht, und eigentlich ist er doch in München. Die Tür ist halb geöffnet. Noch immer steht er vor der Tür. Er sagt, sie hätten gleich wieder von München zurückfahren müssen, da Heike Angina bekommen habe, und er drängt, eingelassen zu werden. Klar kann er reinkommen, erwidere ich. Kaum habe ich die Tür hinter uns geschlossen, wird er laut. Mein Bruder hätte gestern abend bei ihm angerufen und versucht, ihn zu bedrohen. Das würde er sich nicht gefallen lassen, und er wünscht eine Gegenüberstellung mit ihm, da er sich nicht unterdrücken lasse. Ich weiß nichts davon, daß Roland angerufen hat, habe ihn seit meiner Rückkehr noch gar nicht gesehen, gebe ich ihm zu verstehen. Plötzlich sieht er, daß ich nicht allein bin. Sein Ton beruhigt sich spürbar. Er fragt, ob er sich setzen darf.

Er wechselt das Thema; eigentlich sei er gekommen, um mir zu sagen, daß ich morgen verkaufen kann. Ich sage, daß ich morgen früh einen Termin mit Freddys Lehrerin habe. Und Gerda fügt spontan hinzu, daß wir um 14 Uhr mit den Kindern zur Tanzstunde müssen. Ich stutze kurz, weil ich davon noch nichts weiß, aber es ist ja möglich, daß ich es nicht mitbekommen habe. Olaf stellt verständnislos fest, daß es morgen bei mir nicht geht. Unverzüglich sage ich ihm, ich könne am Sonntag nicht nach München fahren. Ich habe die Kontoauszüge geholt und festgestellt, daß ich im Minus stehe. Ich frage ihn, ob es Absicht gewesen sein kann, daß dieser Einzelvortrag über das Reinigungsprogramm gehalten wurde? Und daß sie mich gleich in München behalten wollten? Er zögert mit einer Antwort und meint, daß wir dann die ganze nächste Woche noch verkaufen werden, bis ich das Geld für München zusammenhabe. Und es passiere immer wieder, daß die Richtlinien der Scientology verletzt werden. Er habe die Erfahrung gemacht, daß es besser ist, das Reinigungsprogramm selbst zu finanzieren. Ich erkundige mich nach dem Mann, den ich auditiert habe, da er doch den Folgetermin übernommen hatte. Er habe ihn zunächst auf „Aktivität gesetzt". Beim Gehen sagt er, daß wir uns also am Sonnabend sehen, morgen aber solle ich ihn auf alle Fälle anrufen, da wir in „Kommunikation" bleiben müssen. Daß ich mich von München aus nicht gemeldet habe, sei einfach nicht okay. Gerda fragt ihn, ob er sie nach Stahmeln fahren könne. Sie gehen, und Olaf bestellt Grüße an Freddy. Ich bin völlig durcheinander und schreibe folgendes auf:

„Ein aufregender Tag! Auf dem Konto habe ich fast 300 DM Miese. Gerda kam heute nachmittag. Sie war fix und fertig. Es waren wahrlich keine erfreulichen Informationen. 19 Uhr erschien sie mit einem jungen Mann. Er hatte Informationen dabei über Scientology. Mir ist angst und bange geworden. Eine Sekte soll das sein. Leute, die aussteigen, werden verfolgt. Es ist ein Apparat, der bis ins kleinste funktioniert, und jede aufkommende Feindseligkeit wird gehandhabt. Obwohl Olaf in München sein müßte, stand er etwa 15 Minuten, nachdem der Mann gegangen war, vor meiner Tür. Roland hat angerufen bei ihm und sich über Scientology empört. Ich weiß nicht, was ich tun soll. Was Olaf sagt, klingt überzeugend. Was der junge Mann sagt, klingt überzeugend. War Olaf etwa vorher schon da, und wußte er von der Anwesenheit des jungen Mannes?

Ich fahre erst mal nicht nach München. Auch nehme ich das Angebot nicht an, daß das Reinigungsprogramm gesponsert wird. Das macht mich abhängig und bringt mich in Schwierigkeiten.

Ich bin verwirrt und gerate immer mehr in Konflikt mit meiner Umwelt. Die ganzen Ausdrücke von Scientology bringen mich durcheinander. Wenn ich sie in meinen Wortschatz aufnehme, werden mich viele nicht mehr verstehen. Wem oder was soll ich nun glauben?

Gut, sehr gut, super, toll sind Wörter, die ständig gesagt werden, aber nicht unbedingt von innen heraus gesprochen werden. Alles wird positiv gemacht.

Befinde ich mich etwa schon in dieser Maschinerie? Ich muß mir Gewißheit verschaffen. Zum Beispiel, was die Finanzen betrifft. Und was passiert, wenn ich mich entschließe auszusteigen? Mit Fredericke komme ich immer mehr in Schwierigkeiten. Sie ist so weit weg von mir. Morgen 8.15 Uhr habe ich einen Termin mit Frau Vogt, ihrer Lehrerin.

Die Org in München macht einen eigenartigen Eindruck auf mich. Sie wirkt wie ein Apparat, der gegen Selbstbestimmung ankämpft. Dort erfolgen die Anweisungen, die auch in Befehle ausarten können.

Dinge und Personen werden einfach gehandhabt. Es ist ein in sich abgeschirmtes System.

Möglich wäre auch, daß der Mann Olaf benachrichtigt hat. Mir ist das alles unheimlich. Läuft da eine Verschwörung ab? Ich bin hilflos und skeptisch."

Es klingelt. Wer kann das noch sein? Ich rufe zaghaft vom Balkon. Es ist Roland, mein Bruder. Ich gehe nach unten, um ihm zu öffnen.

Er ist in Rage, fordert mich energisch auf, sofort dort auszusteigen. Er kann mir das zwar nur raten, aber ich soll doch daran denken, wie Gerda und ich ihm damals den „Kopf gewaschen" haben, als er bei der Vermögensberatung war und schon über allem und allen geschwebt ist. Und was diesen Typen, den Olaf G., betrifft, der solle sich ja nicht bei ihm blicken lassen, da er nicht garantieren könne, wie dieser das überlebt. Der solle bleiben, wo der Pfeffer wächst.

Ich mache ihm klar, daß ich nicht so plötzlich aussteigen kann. Ich habe doch zugesagt, daß ich zum Verkaufen komme, und brauche das Geld. Und mein Fahrrad steht auch noch dort. Diplomatisch werde ich vorgehen, um auszusteigen. Er drückt seine Zweifel aus, ob ich die Kraft dafür habe. Fast 1 Uhr ist es, als er geht.

Ich kann keinen klaren Gedanken mehr fassen und lege mich schlafen.

Freitag, 4. September, bis Dienstag, 8. September

Ich bringe Frederike zur Schule und warte auf die Lehrerin. Sie geht mit mir ins Lehrerzimmer. Ich erzähle ihr von den Problemen, die ich mit Frederike habe. Daß es fast jedesmal ein Kampf ist, wenn sie die Hausaufgaben erledigt. Sie verlangt, daß ich ihr dabei helfe, und ich möchte das auch gern tun, aber sie stellt sich stur und läßt sich nicht helfen. Manchmal artet es in regelrechte Anfälle aus, indem sie sich auf den Boden wirft und strampelt. Sie ist dann nicht ansprechbar, hört nicht, was ich sage. Ich erkundige mich, wie sie sich in der Schule verhalte. Frau Vogt erwidert, daß es dort ähnlich sei. Wenn Freddy nicht will, erreiche man bei ihr nichts. Sie bocke dann vor sich hin. Schnell sei sie eingeschnappt.

Ich gebe zu, mich in letzter Zeit kaum um Fredericke gekümmert zu haben. Recht oft war sie bei der Oma, wenn ich nach München mußte. Und dort kann sie machen, was sie will.

Ich vertraue Frau Vogt an, daß ich in Schwierigkeiten stecke und in eine Sekte geraten bin. Sie sagt, daß sie aufgrund der Adresse, die ich als Arbeitsstelle angegeben habe, recherchiert habe. Der Mann einer Kollegin habe mal damit zu tun gehabt, und sie könne mir nur raten, dort aufzuhören. Wegen Fredericke werden wir in Verbindung bleiben.

Ich danke ihr für diesen Termin und verabschiede mich. Ich denke kurz, wenn sie schon davon weiß, dann ist das sicher schon im Gespräch, denn Stahmeln ist ein Dorf.

Ich überlege, was ich machen soll. Werde ich heute zu Olaf fahren? Ja, denn ich möchte wissen, was los ist. Doch jetzt werde ich erst mal zu Gerda gehen, denn sie sagte gestern, daß wir heute mit den Kindern zum Tanzclub müßten. Lust, nach Hause zu gehen, habe ich nicht. Außerdem bin ich nun einmal in Stahmeln.

Ich gehe also zu Gerda. Sie kommt mir entgegen, indem sie mir sagt, wie gut es sei, daß ich vorbeischaue. Es komme gleich jemand von der Eltern- und Betroffeneninitiative, um sich mit ihr zu unterhalten wegen der ganzen Sache, und ich wisse ja besser Bescheid. Kurz darauf kommt ein Mann die Treppe hoch, und ich höre, wie er sich mit Markus B. vorstellt und sich ausweist. Wir gehen ins Wohnzimmer. Gerda hat Kaffee gekocht. Es ist etwa 9 Uhr. Ich bin verunsichert, sage gar nichts. Er erzählt etwas von Sekten und gibt mir Materialien darüber. Ich lese darin. Mir wird mulmig und ängstlich zumute. Scientology ist ihrer Ansicht nach die gefährlichste und aggressivste Sekte. Durch Gerdas Anruf ist bei ihnen alles auf Hochtouren gelaufen. Ganz allmählich wird mir bewußt, wo ich reingeraten bin. Und doch fällt es mir schwer, das alles zu glauben. Es ist wie ein Schlag ins Gesicht. Zwar gab es während der letzten Zeit Momente des Zweifelns, aber daß es sich um eine Sekte handelt, habe ich nicht vermutet. Das ist ein Schock! Hätte ich das nicht merken müssen? So blind kann man doch gar nicht sein. Alle möglichen Gedanken schwirren im Kopf herum. Ich höre Olafs abfällige Bemerkungen über Leute, die Enthetan gegangen sind, also ausgestiegen sind, indem sie sich jede Menge Lügen und Verleumdungen von anderen reingezogen haben. Mir wird angst und bange, kalt und heiß. Ich möchte im Erdboden versinken. Die ganzen letzten Wochen laufen wie eine Filmvorführung im Schnelldurchlauf ab. Nie bin ich während dieser Zeit so recht zur Besinnung gekommen. Jede Menge Streß gab es. Allmählich erkenne ich die Manipulation, mich abhängig zu machen. Entscheiden muß ich mich: für Scientology oder für Frederice, meine Tochter.

Gegen Mittag fragt mich Markus B., ob ich aussteigen wolle. Es müsse meine eigene Entscheidung sein. Bin ich überhaupt noch fähig, mich für oder gegen etwas zu entscheiden? Doch, ich muß aussteigen.

Markus beginnt, Maßnahmen einzuleiten. Er telefoniert mit allen möglichen Leuten. Ein Anwalt wird eingeschaltet beziehungsweise benachrichtigt. Er meint, daß man bei den Scientologen mit allem rechnen müsse. Auf keinen Fall dürfe ich irgendeine Verbindung mit ihnen aufnehmen und schon gar nicht bei Olaf auftauchen. Sie verfügen über Techniken und Mittel, um mich wieder zurückzuholen. Immer mehr begreife ich, in welcher Situation ich mich befinde. Ich denke an Olafs Auftreten in meiner Wohnung gestern abend. Sicher ist er von München geschickt worden. Was wäre passiert, wenn ich allein in der Wohnung gewesen wäre?

Markus fährt mit mir nach Hause, um die Schreibmaschine und Sachen für mich und Freddy zu holen, denn wir müssen für eine Weile verschwinden. Ich gehe die Miete bezahlen. Frederice holen wir gleich vom Hort ab. Auch sie habe ich in Gefahr gebracht.

Zitternd setze ich das Kündigungsschreiben des Mitarbeitervertrages auf. Ich bin so fertig, daß ich zu heulen beginne. Des Briefes wegen gerate ich ins Schwanken. Welche Folgen wird das Schreiben haben? Welche Maßnahmen wird Scientology ergreifen? Meine Angst wird immer größer. Wir können fürs erste in Stahmeln bei Gerda und meinem Bruder bleiben.

Markus fährt mit mir nach Wahren, um das Schreiben abzulichten und die Briefe zur Post zu bringen. Verängstigt laufe ich neben ihm her und erschrecke jedesmal, wenn ich einen blauen Trabant sehe. Olaf fährt einen blauen Trabant-Kombi. Ich stehe regelrecht unter Verfolgungswahn. Noch nie mußte ich mich verstecken.

Bei jedem Geräusch zucke ich erschrocken zusammen. Plötzlich habe ich wieder Zeit. Unerträglich ist es, allmählich zur Besinnung zu kommen. Und doch ist mir, als wäre ich gar nicht da. Realität? Was ist das? Ich komme mir so klein und erniedrigt vor, schwach und ruiniert. Ich will das alles nicht wahrhaben. Selbstmordgedanken machen sich breit.

Ich beginne, mich an Einzelheiten zu erinnern. Immer deutlicher kann ich erkennen, daß sie alles unternahmen, um mich psychisch von ihnen abhängig zu machen. In den letzten Tagen haben sie daran gearbeitet, mich von meiner Familie abzugrenzen. Sie spielen ein primitives, aber gefährliches Spiel. Ich war dabei, der ganzen Sache Glauben zu schenken. Ich spüre eine Art von Abhängigkeit. Meine Psyche ist zerstört, und mein bißchen Selbstvertrauen ist mir genommen worden. Ich fühle mich vergewaltigt, und das alles erscheint mir wie ein Alptraum. Die wenigen Wochen kommen mir vor wie Jahre, ich fühle mich hin und her gerissen, ohne Halt.

Ich sollte mich melden bei Olaf! Was wird er unternehmen, wenn ich mich nicht melde? Wann wird ihn dieser Brief, die Kündigung, erreichen? Irgendwie komme ich mir auch wie ein Verräter vor. Ich wage es nicht, allein nach draußen zu gehen, hänge nur herum, bin ständig müde und habe Angst. Mein Verhalten gleicht dem einer Verfolgten.

Soll mein ganzer Einsatz umsonst gewesen sein? Sie haben es geschafft, daß ich persönlich und finanziell alles gegeben habe. Soll das alles nur eine Illusion gewesen sein?

Am 14. Dezember letzten Jahres bin ich mit Fredericke aus dem Haus meiner Mutter gezogen. Nun ist es das Haus, in dem ich Zuflucht suche. Ich kann mich nicht überwinden, es meiner Mutter zu sagen, sie zu informieren, in welcher Situation ich mich befinde. Gerda erklärt sich bereit, es zu tun. Ich komme dazu, als sie ihr die Geschichte erzählt. Meine Mutter wirkt betroffen. Versteckte Tränen stehen in ihren Augen. Ich suche nicht das Gespräch mit ihr, denn das Gefühl der Fremdheit ihr gegenüber überwiegt. Nach einigen Tagen gehe ich doch zu ihr, um einfach zu reden. Sie hört mir zu und ist entsetzt, kann es nicht begreifen und meint nach einer Weile, daß ihr das nicht passiert wäre und sie es gemerkt hätte. Das trifft mich sehr, denn es klingt wie ein Vorwurf. Deutlich spüre ich, daß es ihr weniger um mich geht. Die Tatsache, daß Fredericke hätte mit reingezogen werden können, macht sie ungehalten. Stets dreht sich alles nur um

Fredericke. Was mich betrifft, so bin ich schon lange abgeschrieben. Am folgenden Tag begleitet mich Roland in meine Wohnung, damit ich noch einiges holen kann.

In den nächsten Tagen passiert seitens Scientology nichts. Sie scheinen nichts zu unternehmen. Das beunruhigt mich. Wollen sie mich auf diese Weise fertigmachen? Mehr und mehr steigt Wut in mir auf. Es macht mich fast wahnsinnig, nicht zu wissen, woran ich bin. Garantiert handelt es sich um eine Taktik, damit ich zu der Einsicht gelange, sie seien nicht gefährlich, und ich von mir aus Kontakt mit ihnen aufnehme. Ich fürchte mich vor der Konfrontation, und doch macht es mich verrückt, daß sie ausbleibt.

Nach einigen Tagen beschließe ich, wieder in meine Wohnung zurückzukehren. Fredericke bleibt noch in Stahmeln.

Am ersten Abend wage ich nicht, das Licht anzumachen, verhalte mich ganz ruhig. Werfe immer wieder einen Blick auf die Straße, ob da der blaue Trabant steht oder ein Auto mit Münchener Kennzeichen.

Mittwoch, 9. September

Bis 12.30 Uhr habe ich geschlafen. Ich bin wieder in meiner Wohnung. Ich merke, wie fertig mich die letzten Wochen gemacht haben. Es ist wie ein Alptraum. Man hat mich dermaßen auf Aktivität gesetzt, daß ich nicht zur Besinnung kam. In der Regel war ich von 6.30 Uhr bis 23 Uhr oder auch 24 Uhr unterwegs. Manchmal bin ich gar nicht zum Schlafen gekommen. Für Persönliches blieb keine Zeit.

Sobald sich Schwierigkeiten offenbaren, werden sie gehandhabt. Sie schicken dich nach München auf einen Kurs. Dort studierst du dann von 9.30 Uhr bis 22 Uhr die Schriften des Ron L. Hubbard. Es wird so lange gearbeitet, bis du Gewinne hast, denn die mußt du einfach haben. Man setzt alles daran, dich auf Begeisterung zu bringen und zu halten. Dafür ist ihnen jedes Mittel recht. Zweimal war ich in München, und es gelang mir jedesmal nur mit viel Mühe, von dort wieder wegzukommen. Sie reden und reden auf dich ein, bis du der Ohnmacht nahe bist. Selbst vor der Tatsache, daß ich ein Kind zu versorgen habe und die Verantwortung dafür trage, schrecken sie nicht zurück. Selbst dieses Problem sind sie bereit für dich zu klären. Sie wollen dich ganz. Es gibt Momente, in denen du merkst, daß da was nicht stimmt, aber diese Ahnungen haben keinen Bestand, weil du ständig beansprucht wirst. Meine Tochter habe ich in den letzten Wochen kaum gesehen. Sie wurde hin und her gereicht. Ich weiß nicht, was da alles gelaufen ist. Man gab mir den Anschein, daß alles in Ordnung ist. Jetzt merke ich nur, daß ich fast gar nicht an meine Tochter rankomme. Sie wehrt jedes Gespräch ab, provoziert und weicht mir aus.

Ganz deutlich sehe ich, wie man alles daran gesetzt hat, mich psychisch abhängig zu machen. Es waren sechs Wochen Psychoterror. Sie täuschen vor, dir dabei zu helfen, dein Leben zu verbessern. Sie brauchen dich, deinen Geist, um dich für ihre Techniken und Intrigen zu benutzen. Sie haben eine eigene Sprache. Um diese zu beherrschen, mußt du ständig studieren und Kurse belegen. Du wirst diese unbekannten, fremden Wörter in deine Sprache übernehmen, nachdem du sie studiert hast, und es wird dir immer unmöglicher werden, dich bei Freunden und Bekannten verständlich zu machen. Und was passiert, wenn du dich unverstanden fühlst? Du wirst dich von deinen Freunden und Bekannten mehr und mehr entfernen und dorthin gehen, wo man dich versteht, hin zu den Scientologen. Also vertraust du dich denen immer mehr an, bis sie vollständig über dich Bescheid wissen. Und sie bringen dich dazu, daß du ihnen alles erzählst, und sie entgegnen dir: „Danke, daß du mir das gesagt hast." Sie fragen nicht nach dem Warum deiner Widersprüche und Bedenken. Sie lösen sie einfach auf, indem sie dich handhaben, und machen dich mit der Technik vertraut. Sie geben dir ein Buch oder einen bestimmten Abschnitt zu lesen. Bei den Niederschriften wurde an alles gedacht.

Ohne daß du es merkst, nehmen sie dir deine Persönlichkeit. Die Auditings geben dir dann den Rest. Sie machen dich hörig für ihre Sache. Das ist ihr Anliegen.

Auch über deine finanzielle Situation wissen sie bestens Bescheid. Sie verschaffen dir Jobs, damit du deine Situation in den Griff bekommst. Scientologen haben vielerlei Geschäfte inne. Für dich selbst wird von dem Verdienst nur so viel bleiben, wie du zum Überleben brauchst. Den Rest holen sie sich irgendwie, denn sie finanzieren sich durch Spenden. Mit jedem Buch, das du kaufst, jedem Kurs, den du bezahlst, mit Beträgen, die für das Auditing zu entrichten sind, und so weiter, spendest du.

All das erkennen zu müssen schmerzt mich unheimlich. Es ist kaum zu ertragen.

Donnerstag, 10. September

Ich fühle mich wie eine Aussätzige. Man hat mir alles genommen. Ich schäme mich so, möchte mich verkriechen, nichts sehen und nichts hören.

Eine Aussage während dieser Zeit hat mich besonders beeindruckt: „Scientology ist ein Spiel, bei dem jeder gewinnt!"

Meine Situation war ideal. Ich lebe mit meiner Tochter allein und bin arbeitslos. Kinder werden sofort einbezogen. Wo findet man das sonst? Sie hatten ein leichtes Spiel mit mir, denn ich war bereit, an meinem Leben etwas zu ändern. Die Vergangenheit offenzulegen war doch schon immer mein Anliegen. Es gab Momente, in denen ich mich überrumpelt fühlte, aber ich hatte keine Möglichkeit, diesen Gedanken nachzuhängen, sie zu betrachten. Es ist Absicht, dich mehr und mehr von deiner bestehenden Umgebung zu lösen. Nach und nach nehmen sie dir alle Vollmachten aus der Hand. Sie nutzen deine Schwächen, deine Hilflosigkeit aus, um dich, deinen Geist völlig zu gewinnen. Jegliche Bedenken werden aus dem Weg geräumt. Wenn du erst mal an die Sache glaubst, wirst du jede Kritik daran handhaben und angreifen.

Freitag, 11. September

Heute morgen wurde mir schwarz vor Augen, wäre beinahe umgekippt. Mein Zustand ist bedenklich. Ich habe keine Kraft. Die Manipulation der letzten Wochen kommt verstärkt hoch. Ich hatte keinen Freiraum mehr. Sie haben mich völlig in Beschlag genommen.

Seit vergangenem Freitag lassen sie mich in Ruhe. Das ist ihre Taktik, mich fertigzumachen, denn so ist die Konfrontation unmöglich.

Damit bezwecken sie doch, daß ich ins Wanken gerade und zurückkehre. Ich habe ihnen gegenüber so viele Spannungen, und da ist keine Gelegenheit, sie auszutragen. Außer ich würde mich melden. Damit jedoch hätten sich mich in der Hand und würden mich so oder so fertigmachen. Darauf spekulieren sie. Daß sie in der Lage sind, permanent Macht auszuüben, habe ich zu spüren bekommen. Sie beherrschen die Techniken.

Gut sechs Wochen war ich dabei. Zeit genug, mein Ich zu manipulieren, mir mein Selbstvertrauen zu nehmen und mich in Schulden zu treiben. Wäre ich nach München zum Reinigungsprogramm gefahren, hätten sie mich ganz gehabt. Nicht ohne Grund wollten sie mich gleich dort behalten. Das war Absicht! Während meiner Abwesenheit, also wenn ich auf dem Markt verkaufte oder Flyers zu verteilen hatte, gab Olaf ständig seine Berichte über mich nach München, damit sie ihn anweisen konnten, wie er mit mir zu verfahren habe.

Ich empfinde das als äußerst erniedrigend und demütigend. Es ist, als wäre da ein Computer und man brauche nur die entsprechenden Knöpfe zu drücken und das Programm wird funktionieren. Ich habe Angst vor menschlichen Beziehungen, meide jeden Kontakt und jedes Gespräch. Das ist alles so deprimierend. Wieder einmal habe ich versagt. Es ist wie ein Teufelskreis. Ich weiß nicht, wie es weitergehen soll.

Freitag, 18. September

Gerda kommt mich besuchen. Meine Zurückhaltung Gesprächen gegenüber wird immer stärker. Sie bleibt eine Weile, und ich begleite sie nach unten, als sie dann geht, um nach der Post zu schauen. Erschrocken fahre ich zusammen. Ein Brief von Olaf G. Die andere Post nehme ich gar nicht wahr. Meine Hände zittern, der ganze Körper ist wie gelähmt. Gerda kommt nochmals mit nach oben. Nervös öffne ich den Brief.

Höhnisch fragt Olaf, wie es mir gehe. Mein Fahrrad solle ich holen, da er nicht weiß, wo er es hinstellen soll. Er bittet mich darum. Er verstehe mein Verhalten, schreibt er. Schade wäre es nur um meine

Tochter, da sie in dieser meiner Umgebung nicht die leiseste Chance hätte. Von meiner Mitarbeit und all meinen Posten bin ich entlassen. Er legt fest, daß ich den Brief nicht an Dritte geben darf. Mein Schreiben habe er an die Rechtsabteilung weitergereicht, damit sie sich damit beschäftigen können. Jegliche Dienstleistung der Scientology bleibe mir nunmehr versagt und die Türen verschlossen. Mein Ansprechpartner sei der Ethik-Beauftragte in München, falls ich konstruktiv handeln sollte, um meine Ethik in Ordnung zu bringen. Für die Zukunft wünsche er mir alles Gute, ich hätte ja genügend Selbstvertrauen.

Persönlich sei ich ihm auch weiterhin willkommen.

So etwa lautet der Inhalt seines Briefes. Entgegen seiner Festlegung habe ich ihn an Dritte weitergereicht, so daß ich den genauen Wortlaut nicht habe.

Mich macht das sehr betroffen, ich kann mich kaum beruhigen. Besonders die Anspielung bezüglich meiner Tochter schmerzt mich. Er weiß, daß ich Probleme mit ihr habe. Somit schießt er in eine offene Wunde, denn momentan komme ich mit Fredericke überhaupt nicht zurecht. Ständig ist sie dabei, mich zu provozieren. Sie macht, was sie will, und reagiert nicht auf das, was ich sage, beziehungsweise macht das Gegenteil davon. Sicher liegt es auch an mir, an meiner nervlichen Verfassung. Ich bin sehr gereizt und kann ihre fordernde, trotzige Art nicht ertragen. Die letzten Wochen habe ich sie vernachlässigt. Und nun schreibt Olaf, daß sie nicht die geringste Chance habe. Das ist so grausam!

Als ob ich genügend Selbstvertrauen hätte. Das haben sie mir doch genommen. Verdammt noch mal!

Der ganze Brief ist ein Versuch, mich kleinzukriegen. Mir kommt so vieles hoch. Das ist die Art, in der sie die ganze Zeit mit mir vorgegangen sind, wie sie mit mir verfahren sind. Da ist dieses widersprüchliche Auftreten. Nie wußte ich, woran ich war. Das ist wie Zuckerbrot und Peitsche! Man gab mir stets den Anschein, daß ich selbst entscheiden könne, und sie schickten mich sogar auf den Integritätskurs. Jedoch blieb keine Gelegenheit für eigene Entscheidungen, denn sie wiesen an, was gemacht wird.

Auch weiterhin sei ich ihm persönlich willkommen. Welch ein Zynismus! Ein „persönlich" gibt es doch für ihn gar nicht. Er führt doch nur Anweisungen und Befehle aus. Wie arm ist er dran, der Olaf!?

Seit langer Zeit hatte er wieder mal ein Opfer, nämlich mich. „Große Dinge" hatte er mit mir vor. Er wollte mich zum Stellvertreter ernennen, obwohl es nur ihn und mich gab, denn seine Frau ist aufgrund des Kindersegens keine Vollzeit-Mitarbeiterin. Mir wird die ganze Sinnlosigkeit bewußt. Es ist ein Spiel, das einen in den Wahnsinn treibt. Allmählich wollte er mir all seine Posten übergeben, damit er endlich das ausführen darf, was er eigentlich von Anfang an wollte: Auditor mit E-Meter sein. Das jedoch wird man ihm nur erlauben, wenn er einen Ersatz liefert. Dafür hatte er mich auserkoren. Vor mir hatte er schon andere Leute, aber diese sind oder mußten nach München gehen. Wie blind und naiv bin ich nur? Mir ist, als fallen mir die Schuppen von den Augen!

Klar ist, daß er mich nicht in Ruhe lassen wird. Begegnen möchte ich ihm nicht. Durch meinen Ausstieg sind seine Pläne erst mal zerstört, und von München wird es jede Menge dieser verborgenen Vorwürfe hageln. Ich möchte nicht in seiner Haut stecken. Ich erkenne, wie gefährlich Scientology ist. Fast hätten sie mich gehabt.

Mein Fahrrad, das für ihn ein Köder war, hat ihm Frau H. „entrissen". Er hat getobt, weil er damit rechnete, daß ich es selbst holen würde. Er will Anzeige gegen Frau H. erstatten, weil sie keine Vollmacht hatte. Das Fahrrad stand nicht mehr im Hausflur, sondern verschlossen in seinem Keller. Also hätte ich bei ihm klingeln müssen.

Nach Scientology

Wann kann ich endlich sagen, wirklich draußen, wirklich ausgestiegen zu sein? Es ist ein langwieriger Prozeß.

Schwierigkeiten habe ich, mich zu orientieren und mich verständlich zu machen. Ich wage es nicht, anderen in die Augen zu schauen. Wenn starre Blicke mich streifen, vermute ich Scientologen dahinter. Nur ganz allmählich läßt dieser Verfolgungswahn nach. Die aufkommende Wut endet wieder und wieder in Ohnmacht. Nicht nur Opfer bin ich, sondern auch Täter, und somit habe ich mich schuldig gemacht. Trotz aller Informationen über die Hintergründe von Scientology kann ich den Sog zu Scientology nicht leugnen. Es wirkt wie eine Droge, oder? – „Ein Enthetan (Aussteiger) wird nie wieder auf die Beine kommen." Dieser oft gehörte Satz wirkt wie eine Suggestion.

Zu mehr Klarheit über meine Vergangenheit wollte ich gelangen. Was haben all die Auditingsitzungen in mir ausgelöst? Haben sich die erzählten Geschehnisse tatsächlich so zugetragen, oder habe ich mich Einbildungen oder gar Suggestionen hingegeben? Allmählich erkenne ich, daß die Auditings Verhöre sind. Mit geschlossenen Augen hat man sich zu offenbaren. Der Auditor (eine Art Therapeut) hat die Aufgabe, Fragen zu stellen. So gibt man zahlreiche Informationen über sein Innenleben preis, worüber Protokoll geführt wird. Man wird zu einem aufgeschlagenen Buch. Der schützende Einband wird immer brüchiger. Einzelne Seiten können „unbemerkt" herausgerissen werden, um sie weiterzureichen oder sonst was damit anzustellen. Das Buch, das einst eine Persönlichkeit war, wird zerpflückt, abgeändert oder neu geschrieben. Es geht darum, die eigene Vergangenheit und Persönlichkeit auszulöschen, um, scientologisch gesehen, ein Clear, ein geistig freies Wesen, zu sein.

Zwischen meiner Tochter und mir spüre ich eine Kluft. Wie weit hat man uns getrennt? Sie hat Angst. Überallhin muß ich sie begleiten.

Wenn sie Zuwendung und Aufmerksamkeit verlangt, empfinde ich das als Provokation. Ich bin mit allem überfordert, fühle mich so ausgelaugt und erschlagen. Und doch bin ich froh, überhaupt wieder etwas zu fühlen.

Beide begeben wir uns in die Sprechstunden einer Lebensberatung. Außerdem werden wir von Vertretern der Eltern- und Betroffeneninitiative betreut. Ihre Begleitung und Betreuung sind bei weitem nicht so intensiv wie bei Scientology, aber dafür menschenwürdiger und individueller.

Im Sinne von Scientology bin ich zu einer kriminellen Person geworden, indem ich in der Öffentlichkeit von meinen Begegnungen und Erfahrungen mit Scientology berichte. Auch mit Journalisten, den sogenannten Feinden, habe ich gesprochen. Wohl war mir nie dabei, ich weiß nicht, woher ich den Mut genommen habe. Was hätte ich noch verlieren können? Viele Nerven hat mich das gekostet, wäre danach am liebsten jedes Mal im Erdboden versunken. Im nachhinein stelle ich fest, daß mich das öffentliche Auftreten vor direkten scientologischen Angriffen bewahrt, geschützt hat.

Im Juli 1994 kommt es zu einer direkten Konfrontation mit einem Scientologen. Inzwischen bin ich Mitglied der Eltern- und Betroffeneninitiative und sogar hauptamtlich für diesen Verein tätig. In Dresden betreuen wir einen Info-Stand. Der Chef des Dresdner Dianetik-Zentrums verwickelt mich in ein verwirrendes Gespräch. Er weiß, wer ich bin, und bezichtigt mich der Lügerei. Dabei beruft er sich auf die Fernsehsendung „Invasion der Seelenfänger", in der ich über Scientology berichtet habe. Es gelingt mir, mich zu verteidigen, ihm klarzumachen, daß ich nur erzählt habe, was ich auch erlebt habe, und ich mir von niemandem vorschreiben lasse, was ich zu sagen habe. Seine Versuche, mich zu bekehren oder anzuprangern, scheitern. Wir ein Roboter erscheint er mir. In sachlichem Ton lasse ich noch einigen Frust ab. Schließlich räumt er das Feld.

Im November 1994 werde ich zu einer Gerichtsverhandlung gegen Scientology als Zeugin nach Ulm geladen. Eine gute Stunde werde ich von drei Richtern verhört. Befragt werde ich insbesondere zum Auditing. Im Anschluß an die Vernehmung darf mir auch die Partei von Scientology Fragen stellen. Mir soll unterstellt werden, daß ich nur wegen der Eltern- und Betroffeneninitiative ausgestiegen bin.

Die Fähigkeit und Kompetenz, Aussteiger beraten zu können, soll mir abgesprochen werden, weil ich mich noch immer in der Lebensberatung befinde, also psychologische Hilfe in Anspruch nehme. Es gelingt mir, mich zu verteidigen. Die Scientologen blättern in einer dicken Akte, die sie über mich und meine Aktivitäten, „kriminellen Aktivitäten", führen. Der Antrag wird gestellt, alle Personen, die mich auditiert haben, als Gegenzeugen zu laden. Damit sollen meine Aussagen zunichte gemacht werden. Unvereidigt verlasse ich den Zeugenstand und begebe mich in Begleitung wieder in Richtung Leipzig.

Doch, heute, nach gut zwei Jahren, kann ich sagen, daß ich ausgestiegen bin. Ich befinde mich weitestgehend in der Realität und bin wieder in der Lage, Entscheidungen zu treffen. Zwischen mir und Fredericke ist eine gewisse Normalität eingetreten. Es war und ist nicht einfach, aber gemeinsam schaffen wir es, finden zueinander, ohne uns „handhaben" lassen zu müssen.

Meine Begegnung mit Scientology war ausgesprochen intensiv. Sicher ist es nicht üblich, gleich zu Beginn so viele Maßnahmen und Verhaltensregulierungen über sich ergehen lassen zu müssen. Mein Unterbewußtsein hat mir das eingebrockt, sich gegen die zunehmende Vereinnahmung gewehrt. Dies jedoch wäre nicht mehr lange möglich gewesen. Hätte ich meinen Ausstieg nicht bekundet, wäre ich nur noch tiefer in die Maschinerie des scientologischen Unternehmens hineingeraten. Der Trennungsprozeß von meinem noch bestehenden sozialen Umfeld und so auch von meiner Tochter war bereits in vollem Gange. Wie wäre es weitergegangen? Irgendwann hätte mich das in den Wahnsinn getrieben, wäre ich trotz „geistiger Freiheit" psychisch erkrankt. Vielleicht hätte ich auch meine körperliche Hülle verlassen, und damit gäbe es einen „unerklärlichen" Selbstmord mehr.

Mit der Psyche des Menschen lassen sich vielerlei Geschäfte machen, nicht nur durch Scientology. Es gibt vielerlei sogenannte Heilsangebote von einzelnen Personen und Gruppen, die die absolute Wahrheit für sich gepachtet haben. Das sind die sogenannten „Elitegruppen". Um dazu zu gehören, hat man seine Individualität (falls vorhanden) und seine Persönlichkeit aufzugeben. Ein Prozeß von Manipulationen beginnt, der in der Entmündigung enden kann. Ich behaupte nicht, nun trotz meiner Erfahrungen immun dagegen zu sein. Es gibt keinen vollkommenen Schutz, so wie es auch nicht die vollkommene Wahrheit gibt. Jeder braucht eine Insel.

Leben bedeutet Lebendigkeit. Es kommt nicht darauf an, nur immer der Sieger und gut drauf zu sein, sondern darauf, daß ich all das, was ich mache, irgendwie mit mir vereinbaren kann und möglichst eigenständig bin.

Danksagung

An dieser Stelle möchte ich all denen danken, die uns in der schweren Zeit des Ausstiegsprozesses begleitet und beigestanden haben.
   Ich danke meiner Schwägerin und meinem Bruder, ohne deren Einsatz der Ausstieg nicht hätte eingeleitet werden können.
   Ich danke den Vertretern der Eltern- und Betroffeneninitiative gegen psychische Abhängigkeit Sachsen e.V., die dazu beigetragen haben, mir meiner Situation bewußt zu werden.
   Ich danke den Angestellten der Lebensberatungsstelle für ihre psychologische und individuelle Hilfe.
   Ich danke meinen Eltern, die mich nicht fallengelassen, sondern unterstützt haben.
   Ich danke der Öffentlichkeit, die mich bestärkt hat, nicht aufzugeben.

Die Eltern- und Betroffeneninitiative gegen psychische Abhängigkeit Sachsen e.V. befindet sich in der Wasserturmstraße 68 in 04299 Leipzig, Telefon 0341/877 51 20.